AF364142

DESCONSTRUINDO UM MITO

"NÃO EXISTE NENHUM HOMEM CAPAZ DE CONTAR TODA A HISTÓRIA"

Editora Schoba

Rua Melvin Jones, 223 – Vila Roma – Salto – São Paulo – Brasil

CEP: 13.321-441

Fone: +55 (11) 2840.0137

E-mail: atendimento@editoraschoba.com.br

www.editoraschoba.com.br

Dados Internacionais de Catalogação na Publicação (CIP)
Angélica Ilacqua CRB-8/7057

Bandeira, Edvan Gomes da Silva
    Desconstruindo um mito : Darwin não é o pai da evolução /
Edvan Gomes da Silva Bandeira. -- Salto : Schoba Editora, 2017.
    136 p.: il.

    Bibliografia
    ISBN 978-85-801-3525-1

    1. Vida – Origem 2. Evolução (Biologia) 3. Darwin, Charles,
1809-1882 4. Seleção natural I. Título

17-0466   CDU 159.9
                                                               CDD 576

            Índices para catálogo sistemático:
                 1. Vida – Origem

SUMÁRIO

PREFÁCIO

O "pai" da teoria evolucionista, Charles Darwin (1809- 1882) ganhou muitos admiradores após a publicação do livro "A origem das espécies," lançado em 24 de novembro de 1859. O livro mudou o rumo da Ciência, pois quebrou paradigmas existentes até então. Mas o que era para se tornar um avanço científico se estagnou e caiu em outro paradigma. Darwin e a teoria evolucionista aceita até então, não podem ser questionadas nas Universidades, pois é passivo de escárnio. Isto não é Ciência. A Ciência se faz quebrando paradigmas constantemente. Portanto, este livro veio para tirar o leitor da zona de conforto e faze-lo pensar. A mudança do paradigma é lenta e difícil, pois implica no colapso de toda uma estrutura de ideia já aceitas. A Ciência é construída por meio de constantes conflitos de ideias e modos diferentes de se olhar para o mesmo prisma. Esse interminável embate é essencial para seu avanço; ele a fortalece e contribui para que suas explicações sejam cada vez mais plausíveis.

Desconstruindo um mito.

INTRODUÇÃO

Charles Darwin nasceu na Inglaterra em 1809 e repousou-se na abadia de Westminster ao pé do físico Newton no ano de 1882. Darwin é um personagem muito respeitado no mundo acadêmico, devido à teoria evolucionista, teorias estas que confrontam com a teoria criacionista.

> "Encaro o futuro com confiança, prevejo jovens e capazes naturalistas que examinarão com imparcialidade os dois lados da questão" (Darwin, C. 2010. Pág. 368)

Darwin contribuiu muito à Ciência, foi um naturalista que por amor, dedicou-se aos estudos dos animais e vegetais, estudando minuciosamente cada detalhe da fauna e flora. Observa-se tal fato em seu livro *"Viagem de um naturalista ao redor do mundo"* publicado em 1839, depois de uma longa viagem pelo

Desconstruindo um mito.

Brasil e Arquipélagos de Galápagos em 1832.

Esta viagem interessava a coroa britânica, e Darwin foi como naturalista a bordo, pois a Marinha Real Inglesa precisava de alguém que conhecesse bem os recursos naturais da região para uma futura exploração.

Nas ilhas Galápagos no Pacífico, Darwin ficou por mais tempo. Neste período descreveu o comportamento de cada animal, inseto, aves e plantas encontradas.

Foi nesta expedição no navio *Beagle* HMS (Navio de Sua Majestade) que Darwin teve os primeiros contatos com a teoria evolucionista, lendo o livro de Lyell.

Na viagem ao redor do mundo, Darwin dedicou-se aos estudos, enchia sua cabine com folhas, insetos secos, vidros e caixas de todos os tamanhos para analisá-los.

Seu capitão Fitzroy deixava claro sua repulsa por estas atitudes, mas no decorrer dos cinco anos (tempo de viagem no Beagle), ambos se tornaram grandes amigos. Menos de dois anos depois de regressar da viagem no navio HMS *Beagle*, Darwin já havia aprofundado Malthus à procura da cadeia que faltava em sua tese. A tese implica em uma determinada geração, poucos descendentes sobreviveriam, chegando à fase adulta devido ao acaso e à maior aptidão.

O processo da escrita de seu livro "A Origem das

espécies" foi demorado e árduo. Darwin trabalhou vinte anos pacientemente na sua teoria antes de publicá-la em 1859. Contudo, em 1842 Darwin deu uma previa do livro:

"No mês de junho de 1842, pela primeira vez dei-me ao prazer de escrever a lápis um resumo muito curto de minha teoria, em 35 páginas, o qual foi aumentando durante o verão de 1844 e passou a ter 230, as quais passei inteiramente a limpo e ainda as possuo." (Darwin. Trad. Simões Jr, J.G, 1986. Pág-86)

Na publicação em 24 de novembro de 1859 "A Origem das Espécies" esgotou-se no primeiro dia, cerca de mil exemplares foram vendidos. Em janeiro de 1860 foi publicada uma nova edição.

O livro de Darwin teve um total de seis edições durante sua vida, desde então nunca deixou de ser publicado e já foi traduzido para mais de 30 idiomas.

Desconstruindo um mito.

DARWIN INCOMPREENDIDO PELOS CRIACIONISTAS

Muitos criticam as teorias darwinistas sem o conhecer, distorcendo e propagando erroneamente. Os anti-darwinistas responsabilizam a Darwin pela teoria de que os homens provêm dos símios. Portanto, Darwin jamais disse tal frase em seu livro. Darwin descreve que o ser humano e o macaco são primos distantes, vindo de um mesmo ancestral. Não sendo os macacos antepassados dos seres humanos.

Em sua época, os líderes religiosos o denunciavam, nos sermões o criticavam como um anticristo, deicida (matador de deus), inimigo do povo, descrevia o, como um "monstro," de altar em altar a mensagem era difundido.

O clero rapidamente fez uma organização chefiada por Samuel Wilberforce, bispo de Oxford, para condená-lo. Para eles, Darwin estava confrontando a Bíblia. Haja vista que na mesma está escrito que Deus criou o homem, entretanto o homem

Desconstruindo um mito.

nunca poderia ter vindo dos macacos.

As pessoas chamavam o livro "A origem das espécies" de um tecido podre de conjecturas e especulações. Outros se perguntavam: *Como podia atrever-se a colocar sua doutrina acima dos ensinamentos da Bíblia?*

Nesta época a maioria dos biólogos considerava as espécies como grupos fixos e eternos, determinados por Deus.

Darwin deixou claro que não haveria motivo para as ideias expostas em seu livro se chocar com as religiosas. Por este motivo, o mesmo viria a se lamentar pelo termo "seleção natural" e preferindo o termo "preservação natural". Como está claro na carta enviada ao seu amigo Lyell no ano de 1860.

> "Falando de "seleção natural", se eu tivesse que começar de novo, eu teria usado (preservação naturais)" (Carta - Darwin para Lyell. 28 set. 1860).

Por causa das ações destes religiosos em sua época, hoje não se pode mais questionar a teoria. Pois se alguém o faz, com certeza é um religioso fundamentalista. Mas isso não é verdade. O que muitos não entendem, é que qualquer teoria científica pode ser questionada. O conhecimento se faz pela dúvida.

Ao aceitar qualquer teoria como verdade absoluta, pode-se cair em um paradigma, tornado a Ciência um dogma.

> "O darwinismo se tornou tão paradigmático que suas bases são aceitas como verdade obvia e indiscutíveis, sob pena de a sua contestação levar ao ridículo."
> (Magalhães, G. 2002. Pág-1)

Segundo Kuhn, paradigma se resume da seguinte maneira.

> "Paradigma é um resultado científico fundamental que inclui ao mesmo tempo uma teoria e algumas aplicações tipo aos resultados das experiências e da observação. Mais importante ainda é um resultado cuja conclusão está em aberto e que põe de lado toda uma espécie de investigação ainda por fazer. E, por fim, é um resultado aceito no sentido de que é recebido por um grupo cujos membros deixam de tentar opor-lhe rival ou de criar-lhe

Desconstruindo um mito.

> alternativas... Ao aceitar um paradigma, a comunidade científica adere toda ela, conscientemente ou não, à atitude de considerar que todos os problemas resolvidos o foram de fato, e de uma vez para sempre." (Kuhn,T.S. 1974. Pág- 38-52)

A mudança do paradigma é lenta e difícil, pois implica no colapso de toda uma estrutura de ideia já aceitas.

A Ciência é construída por meio de constantes conflitos de ideias e modos diferentes de se olhar para o mesmo prisma, esse interminável embate é essencial para seu avanço; ele a fortalece e contribui para que suas explicações sejam cada vez mais plausíveis.

DARWIN NÃO INVENTOU A TEORIA DA EVOLUÇÃO

Em 1859, após a publicação do livro "Origem das Espécies", Charles foi acusado pelos cientistas de sua época por ocultação de naturalistas antecessores a ele na criação da teoria evolucionista. Portanto, nas edições posteriores Darwin acrescentou estes personagens. Darwin escreveu seis edições do seu livro. Mas só na terceira edição (1861) que acrescentou os naturalistas. O capítulo é conhecido por "Notícia Histórica."

Dentre muitos eruditos antecessores a Darwin no desenvolvimento da teoria evolucionista, destacou-se: Anaximandro de Mileto, Pierre Louis Moreau de Maupertuis, Georges- Louis Leclerc conde de Buffon, Johann Wolfgang von Goethe, Erasmus Darwin, Jean-Baptiste de Lamarck, James Hutton, John Playfair, Charles Lyell, ftomas Robert Malthus, William Charles Wells, Patrick Matthew, Étienne Geoffroy de St. Hilaire, Edward Blyth e Alfred

Desconstruindo um mito.

Russel Wallace.

ANAXIMANDRO DE MILETO

Muito antes de Cristo, já havia pessoas que questionavam a origem do homem, dos animais, do universo, etc. Um dos precursores sobre o tema, e que viveu muito antes de Cristo, foi o filósofo Anaximandro de Mileto (610-546 A.C). Ele propôs que a vida como um todo, inclusive a espécie humana, surgiram em ambiente aquático.

Segundo a teoria; o Sol agia sobre a água e gerava os seres e estes seres se deslocavam para a terra. Com o passar dos tempos, se tornaram indivíduos mais elaborados conforme se desenvolviam. Esta teoria é muito parecida com a teoria da evolução das espécies, de Darwin. A obra de Mileto se perdeu no tempo, portanto o que se sabe sobre sua obra, foi a partir de referências do historiador grego Diógenes Laércio (413a.C-323a.C).

NASIR AL-DIN AL-TUSI

Nasir Tusi (1201-1274) nasceu na cidade de Tus no

nordeste do Irã. Ele era astrônomo, matemática, cientista, arquiteto, biólogo, químico, filósofo, médico, físico e teólogo.

Tusi escreveu cerca de 150 livros. Em suas obras abordou temas influentes na astronomia, geometria, física, geografia, direito, história, medicina, filosofia. Lógica etc. Mas o que nos chamam a atenção, é que aproximadamente 600 anos antes de Darwin nascer, Tusi já havia escrito sobre a Evolução das Espécies, teoria similar a que Darwin viria a escrever.

A teoria evolucionista proposto por Tusi aparece na obra popular "Akhlaq Nasiri" (Éticas de Nasirean) do século XIII. A obra se baseia na evolução dos minerais, vegetais e animais, inclusive o homem. Para ele, algumas espécies evoluíam mais do que outras por seleção natural, de acordo com a adaptação ao ambiente. Ele usava o termo "Takamul", que significa "perfeição" em árabe, hoje este mesmo termo significa evolução.

Nasir al-Din al-Tusi começa sua teoria da evolução com o Universo. De acordo com Tusi, os elementos eram iguais e semelhantes, devido a contradições internas que começaram a aparecer. Muitas substâncias desenvolveram rapidamente e de forma diferente uma das outras.

Ele então explica como os elementos evoluíram para minerais, e então plantas, depois animais e por fim

Desconstruindo um mito.

seres humanos. Tusi passa então a explicar como a variabilidade hereditária foi um fator importante para a evolução biológica dos seres vivos:

> "os organismos que podem ganhar novos recursos mais rápido são mais variáveis. Como resultado, eles ganham vantagens sobre outras criaturas. [...] Os corpos estão mudando como resultado das interações internas e externas." (Tusi /Trad.AlacbarliF.pág.48-49.2001)

Tusi discute como os organismos são capazes de se adaptar a seus ambientes:

> "Olhe para o mundo dos animais e pássaros. Eles têm tudo que é necessário para a vida diária, a proteção e a defesa, incluindo forças, coragem e ferramentas adequadas [ór- gãos] [...] Alguns destes órgãos são armas reais. [...] Por exemplo, lança-chifres, dentes e garras-faca e agulha, pés e cascos-bastão. Os espinhos e agulhas de alguns animais são

Desconstruindo um mito.

> semelhantes a flechas. [...] Animais que não têm outros meios de defesa (como a gazela e a raposa) protegeram-se com a ajuda de voo e astúcia. [...] Alguns deles, por exemplo, abelhas, formigas e algumas espécies de aves, uniram-se em comunidades a fim de se proteger e ajudar uns aos outros." (Tusi /Trad. Alacbarli F. pág.48-49. 2001).

Tusi reconheceu três tipos de seres vivos: plantas, animais e seres humanos. Como se pode observar abaixo:

> "os animais são mais elevados do que as plantas, porque eles são capazes de mover-se conscientemente, ir atrás de comida, encontrar e comer coisas úteis. [...] Há muitas diferenças entre as espécies animais e vegetais, [...] Em primeiro lugar, o reino animal é mais com- plicado. Além disso, a razão é o recurso mais benéfico em animais. Devido à razão, eles podem aprender coisas

Desconstruindo um mito.

novas e adotar novas habilidades não-inerentes. Por exemplo, o cavalo treinado ou Falcão de caça está em um ponto mais alto de desenvolvimento no mundo animal. Os primeiros passos da perfeição humana começam aqui." (Tusi /Trad. Alacbarli F. pág.48-49. 2001)

Tusi explica como os seres humanos evoluíram de animais avançados:

"...tais seres humanos [provavelmente macacos antropóides] vivem no Sudão ocidental e outros cantos distantes do mundo. Eles estão perto de animais por seus hábitos, ações e comportamento. [...] O ser humano tem características que o distinguem de outras criaturas, mas ele tem outras características que o unem ao mundo animal, ao reino ve- getal ou mesmo com os corpos inanimados. [...] Antes [da criação dos seres humanos], todas as

Desconstruindo um mito.

> diferenças entre os organismos foram de origem natural. O próximo passo será associado à perfeição espiritual, à vontade, à observação e conhecimento. [...] Todos esses fatos provam que o ser humano é colocado no meio degrau da escada evolutiva. De acordo com sua natureza inerente, o ser humano está relacionado com os seres inferiores, e só com a ajuda deles é que atingirá o nível mais elevado de desenvolvimento." (Tusi /Trad. Alacbarli F. pág.48-49. 2001).

As teorias apresentados por Tusi foi proposta por Darwin no século XIX, muitos séculos depois. A diferença entre ambos, é que Darwin usou o raciocínio dedutivo, recolhendo amostras de plantas e animais para trabalhar através dos fatos, a teoria de Tusi era mais filosófica.

PIERRE LOUIS MOREAU DE MAUPERTUIS

No livro de Darwin, a teoria da Seleção Natural se baseia na hipótese em que todos os organismos têm um ancestral comum e divergiram através de variação aleatória. Entretanto a teoria foi proposto primeiramente pelo francês matemático e ciêntista Pierre Louis Moreau de Maupertuis (1698-1759) no ano de 1745. Quando o mesmo publicou sobre a história natural em sua obra "Vénus Physique"

Maupertuis não acreditava diretamente na evolução (um conceito que não existia em seu tempo), ele propôs uma teoria precoce relacionado à genética como uma forma de entender a herança de traços físicos.

Neste livro Maupertuis discutiu sobre a teoria biológica da formação do embrião. Este trabalho e outros de Maupertuis sobre a hereditariedade propõem uma série de conjecturas que para muitos seria uma primeira versão da teoria da evolução. Como se pode observar no livro "Essai de cosmologie" (Ensaio sobre cosmologia) 1751.

> "Mas não podemos dizer que, na combinação fortuita das produções da Natureza, como havia apenas aquelas onde se encontrassem certas relações de conveniência que pudessem subsistir, é maravilhoso que essa conveniência se encontre em todas as espécies que atualmente existem? O acaso, diríamos, teria produzido uma multidão inumerável de indivíduos;

Desconstruindo um mito.

> um pequeno número encontrar-se-ia construído de maneira que as partes do animal pudessem satisfazer suas necessidades; em um outro número infinitamente maior, não havia nem conveniência nem ordem: todos estes últimos pereceram: animais sem boca não podiam sobreviver, outros que careciam de órgãos para a geração não podiam perpetuar-se; os únicos que restaram são aqueles onde se encontravam a ordem e a conveniência: e essas espécies que vemos hoje são apenas a mínima parte daquilo que um destino cego havia produzido" (Maupertuis, 1751, p. 24).

Ele percebeu que todos os seres vivos têm características que auxiliam sua sobrevivência, sem o qual não poderia ter existido. Mais de 100 anos depois esta ideia foi ecoada por Darwin.

> "Todos estes factos, como explicaremos mais aprofundadamente no próximo capítulo, resultam da luta pela sobrevivência. Por causa desta luta,

Desconstruindo um mito.

> as variações, por mais subtis que sejam e seja qual for a sua causa, desde que sejam úteis para os indivíduos de uma espécie (nas relações infinitamente complexas com os outros seres vivos e com as condições físicas de vida), tendem a contribuir para a preservação desses indivíduos, e serão geralmente herdadas pelos seus descendentes."
> (Darwin, C. 2009. Pág. 71-72)

GEORGES-LOUIS LECLERC, CONDE DE BUFFON

Buffon um século antes a Darwin investigou a história das plantas e animais domésticos, e descobriu a importância da Seleção Artificial consciente ou involuntária na produção de raças domésticas. O mesmo também realizou experiências sobre a hibridação animal. John Greene relata que alguns estudos feitos pelo Buffon século antes de Darwin são muito similares às do livro "A origens das espécies" como se pode notar no texto a seguir.

"Buffon comparou os quadrúpedes

Desconstruindo um mito.

> do Velho Mundo com os do Novo e procurou compreender as suas semelhanças e diferenças com efeitos da hereditariedade com modificações, recolheu e comparou fósseis da Europa, Ásia e América e tentou considerar as épocas da historia da Terra através destas descobertas. Consultou a literatura relativa a raças humanas, símios, humanoides, crianças selvagens, pigmeus e gigantes, e empenhou-se em retratar a história do homem com partes da história mais vasta da natureza, Finalmente, como Darwin, inventou uma teoria de pangênese para explicar os atos aparentes de hereditariedade, crescimento, nutrição e modificação através do meio ambiente". (Greene, J. 2010 Pág-47-75)

Estas teorias citadas por Buffon são similares às descritas por Darwin. Mas Darwin não o menciona em seu livro como percussor da teoria.

Depois que Darwin publicou seu livro, seus contemporâneos o acusou de ocultar naturalistas antecessores a ele que também desenvolveram teorias

Desconstruindo um mito.

sobre a Seleção Natural. A pressão foi tamanha, que Darwin achou necessário adicionar estes autores em futuras edições. Com o título de "Notícia Histórica" logo no início do livro, alguns personagens foram lembrados. Como foi o caso de Buffon, introduzido em seu livro a partir da terceira edição em 1861. Como se pode observar abaixo.

> "Buffon foi o primeiro que, nos tempos modernos, tratou este assunto de um modo essencialmente científico. Todavia, como as suas opiniões variavam muito de época para época, e não trata nem das causas, nem dos meios de transformação da espécie, é inútil entrar aqui em maiores minudências a respeito dos seus trabalhos". (Darwin, C. 2003. Pág.4)

Esta foi à única nota a Buffon em seu livro. Pode ser que Darwin tenha chegado às mesmas conclusões de Buffon sem o prévio acesso aos seus 44 livros escritos.

JOHANN WOLFGANG VON GOETHE

Desconstruindo um mito.

O naturalista alemão Johann Wolfgang von Goethe (1749- 1832) no decorrer de sua vida, fez muitas pesquisas científica, contribuindo muito a teoria evolutiva.

Interessava-se pelos estudos que buscavam esclarecer a evolução geológica da Terra. Pensamento diferente aos das pessoas de sua época, pois defendiam que a Terra tinha uma idade curta, como relata as Escrituras Sagradas. Para ele a formação da Terra foi pacífica, e não catastrófico.

Para Goethe, se havia uma evolução da Terra, portanto haveria uma conexão com a espécie humana, então ambos evoluíram.

Em seu livro de 1790 "A *metamorfose das plantas"*, ele apresenta modificações em plantas conforme elas cresciam.

Goethe estava convencido de que "*a natureza em sua infinita variedade (...) parece ter criado* **todos os seres vivos segundo um único modelo fundamental de organização.**" (Brorchmeyer, D. 1994. Pág-119)

Goethe acreditava na evolução de todas as espécies a partir de um ancestral comum, assim como expõem Darwin em seu livro.

No livro "Origem das espécies" Darwin cita Goethe: Capítulo V "Lei da variação" subtítulo: "Compensação e economia de crescimento".

Desconstruindo um mito.

"Geoffroy Saint-Hilaire, o velho, e Goethe formularam, quase na mesma época, a lei da compensação do crescimento; para me servir das expressões de Goethe: «a fim de poder despender de um lado, a natureza é obrigada a economizar por outro». Esta regra aplica-se, creio eu, de certo modo, aos nossos animais domésticos; se a nutrição se faz em excesso numa parte ou num órgão, é raro que se faça ao mesmo tempo, em excesso pelo menos, noutro órgão; assim, é difícil de fazer produzir muito leite a uma vaca e emagrecê-la ao mesmo tempo". (Darwin, C. 2003. Pág.163).

Goethe chegou às ideias evolutivas, por influência da obra *"Ideias para uma filosofia da história da humanidade"* de seu amigo, Johann Gottfried Herder (1744-1803) publicada em quatro partes entre 1784 e 1791.

Desconstruindo um mito.

ERASMUS DARWIN

Darwin não foi o primeiro a propor a ideia de que animais e plantas podem sofrer alterações com o passar do tempo. Seu avô Erasmus Darwin (1731-1802) escreveu um tratado sobre a evolução (*Zoonomia*), o livro baseava-se nas observações das mudanças ocorridas em animais durante o desenvolvimento, em plantas no cultivo, em animais na fase de domesticação, Erasmus também observou as semelhanças nos indivíduos de diversas espécies, e suas diferenças. Com estas observações, Erasmus Darwin chegou à conclusão de que a evolução existia.

Por muitos anos, Erasmus Darwin alimentou a ideia que de seus filhos dariam continuidades aos seus estudos. Dos três filhos de Erasmus, apenas Robert Waring Darwin sobreviveu à fase adulta. Mas ele dedicou-se a medicina, e estava longe de ser um pensador genial e rebelde naturalista.

Após a morte do Erasmus Darwin em 1802, sete anos antes de Charles Darwin nascer, Robert Darwin recebeu a herança cultural de seu pai. E ficou incumbido de cuidar como uma joia preciosa de família as teorias evolucionistas.

O pai do Charles Darwin lia para ele estrofes da *Zoonomia*, pois ele deveria seguir a tradição da família e continuar a obra de seu avô. Pressionado pelo pai,

Desconstruindo um mito.

Charles Darwin continuou lendo *"Zoonomia"* de seu avô, e a *"Magnum Opus Médica"* que retratava sobre as leis da vida e a saúde. Charles as leu com simpatia e ficou cheio de admiração pelo seu avô.

Erasmus Darwin em seu livro levantou a hipótese de todos os animais de sangue quente descenderam dum único "filamento vivo":

> "...seria ousadia imaginar que todos os animais de sangue quente tenham surgido a partir de um filamento vivo, que **a grande causa primeira** dotou de animalidade...?" (Zoonomia, 1795, section 39, "Generation")

JEAN-BAPTISTE DE LAMARCK

Em 1809, no mesmo ano em que Darwin nasceu o naturalista francês Jean Baptiste de Lamarck publicou *"filosofia zoológica,"* onde contém tudo sobre a mutabilidade das espécies biológicas.

O francês naturalista Lamarck (1744-1829) desenvolveu a teoria do "uso e desuso," muito similar às teorias descritas por Darwin em seu livro. Ao ler "A origem das espécies" o leitor fica convicto de que a teoria é integralmente do Darwin.

Mas ao ler o capítulo "Notícia histórica" que foi

Desconstruindo um mito.

acrescentado anos depois ao seu livro, podem-se observar um Darwin mais maleável a fim de aceitar Lamarck como antecessor em muitas destas teorias, como se pode observar no texto abaixo:

> "Lamarck foi o primeiro que despertou pelas suas conclusões, um estudo sério sobre tal assunto. Este sábio, justamente célebre, publicou as suas opiniões, pela primeira vez em 1801; desenvolveu-as consideravelmente em 1809, na sua *"Philosophie Zoologique"*, e subsequentemente em 1815, na introdução à sua "Histoire Naturelle des Animaux sans Vertèbres". Sustenta nas suas obras a doutrina de que todas as espécies, compreendendo o próprio homem, derivam de outras espécies. Foi ele o primeiro que prestou à ciência o grande serviço de declarar que toda a alteração no mundo orgânico, bem como no mundo inorgânico, é o resultado de uma lei, e não uma intervenção miraculosa. A impossibilidade de estabelecer uma

Desconstruindo um mito.

distinção entre as espécies e as variedades, a gradação tão perfeita em certos grupos, e a analogia das produções domésticas, parece terem conduzido Lamarck às suas conclusões a respeito das transformações graduais das espécies. Quanto às causas da modificação, procurou-as ele em parte na ação direta das condições físicas da existência, no cruzamento das formas já existentes e, sobretudo no uso e não uso, isto é, nos efeitos do hábito. É a esta última causa que parece ligar todas as admiráveis adaptações da natureza, tais como o longo pescoço da girafa, que lhe permite pastar as folhas das árvores. Admite igualmente uma lei de desenvolvimento progressivo; ora, como todas as formas da vida tendem também ao aperfeiçoamento, ele explica a existência atual dos organismos muito simples pela geração espontânea".(Darwin, C. 2003. Pág.4-5).

Lembrando que este texto só foi acrescentado em

Desconstruindo um mito.

seu livro anos depois da primeira edição, após muita pressão pelos seus contemporâneos.

No capítulo: "Características fenotípicas adquiridas e transmitidas aos descendentes" deste livro falará mais sobre Lamarck.

JOHN PLAYFAIR E JAMES HUTTON

O geólogo escocês John Playfair (1748-1819) em 1802 publicou seu célebre livro *Illustrations of the Huttonian thoery of Earth [Ilustrações da teoria da Terra huttoniana]* (1802). O conteúdo do livro foi desenvolvido a partir dos artigos de seu amigo James Hutton (1726-1797).

Hutton escreveu longos artigos sobre *"A teoria da Terra"* no ano de 1785 a 1788. Os artigos foram lidos na Royal Society de Edimburgo. Entretanto, estes artigos não chamaram a atenção dos cientistas, pois os textos eram muito difíceis de assimilar. Após sua morte, Playfair que andava com ele e sabia tudo que Hutton queria dizer, reescreveu resumidamente os seus artigos de uma forma compreensível, diferente do original e publicou no ano de 1802, precisamente cinco anos após a morte do seu Hutton.

A teoria da Terra difundida por Hutton e Playfair consiste que a Terra é um corpo em mudança, em que as rochas e os solos antigos sofreram erosões e os produtos dessa erosão são transportados pelas linhas de água até aos oceanos onde se depositam formando novos sedimentos estratificados que se consolidam e dão origem as rochas, as quais podem elevar-se e assim dar lugar a um novo processo de erosão.

Hutton afirmou, num texto de 1788 sobre a idade da Terra, que, de acordo com investigações realizadas, não se encontram vestígios de um princípio nem perspectivas de um fim. Ou seja, a idade da Terra era muito maior do que se acreditavam na época, defrontando a cronologia bíblica. Hutton atualmente é considerado o "pai da geologia".

Os trabalhos de Hutton e Playfair posteriormente chamaram a atenção do também escocês Charles Lyell (1797-1875), que por sua vez influenciou fortemente as ideias do Charles Darwin.

CHARLES LYELL

Contemporâneo a Darwin o geólogo britânico Charles Lyell (1791-1875) publicou três volumes por título de *"Principles of Geology (Princípios de Geologia)"* nos anos de 1830 a 1833.

Desconstruindo um mito.

Lyell juntamente com James Hutton e John Playfair propagaram a ideia do "uniformitarismo" ou gradualismo geológico, que consiste na Terra moldada praticamente por forças lentas decorrente de um longo período de tempo, confrontando o "catastrofismo" aceito até então.

O catastrofismo é a ideia de que no planeta Terra houve modificações geológicas abruptas, muito decorrentes a idade da Terra inferida através da cronologia bíblica, (mais precisamente em gênesis sobre a criação do mundo).

"Princípios de Geologia" foi um dos livros mais influentes no meio do século XIX. Darwin as leu a bordo do Beagle quando este viajava ao redor do mundo. E posteriormente acrescentou Lyell em seu livro, como se pode observar no texto abaixo.

> Quem ler a grande obra de sir Charles Lyell sobre os princípios da Geologia, à qual os historiadores futuros atribuirão por justo título uma revolução nas ciências naturais, sem reconhecer a prodigiosa duração dos períodos decorridos, pode fechar aqui este volume. (Darwin, C. 2003. Pág.351)

O livro influenciou Darwin a refletir sobre a

relação entre o tempo geológico e a existência e sobrevivência das espécies. Na interpretação de Darwin, assim como o relevo da Terra se modificava gradualmente ao passar do tempo, o mesmo poderia acontecer com as espécies, "gradualismo biológico".

Segundo Darwin o catastrofismo não estaria correto, pois não daria tempo o suficiente para a evolução das espécies, haja vista que a Terra seria muito jovem.

Lyell e Darwin se tornaram grandes amigos. Em 1856 Darwin lhe apresentou os detalhes de sua teoria da origem das espécies. Lyell incentivou a publicá-la.

THOMAS ROBERT MALTHUS

O inglês ftomas Robert Malthus (1766-1834) escreveu em seu "Primeiro Ensaio" sobre o princípio da população, na medida em que afeta o melhoramento futuro da sociedade.

No "Segundo Ensaio" ele descreve sobre o princípio da população ou uma visão com seus efeitos passados e presentes na felicidade humana, com uma investigação das nossas expectativas quanto à remoção futura dos males que ocasiona.

Desconstruindo um mito.

Ele tentou imaginar a humanidade submetida às mesmas leis gerais que regem populações de outras espécies de seres vivos. O crescimento populacional é limitado pelo aumento da mortalidade e por todas as restrições ao nascimento, ou seja, pela vulnerabilidade das populações à disponibilidade de recursos.

Este pensamento chamou a atenção de Darwin para as ideias de "luta pela vida" e "sobrevivência dos mais aptos", originando então a teoria da evolução. Que consiste em espécies se multiplicando em ramificações de um padrão de descendência, com espécies novas evoluindo de variações de espécies preexistentes. De uma forma mais clara, Darwin explica esta questão em seu livro.

> "Também, como nascem mais indivíduos que os que podem viver, devem existir, em cada caso, luta pela existência, quer com outro indivíduo da mesma espécie, quer com indivíduos de espécies diferentes, quer com as condições físicas da vida. **É a doutrina de Malthus** aplicada com a mais considerável intensidade a todo o reino animal e vegetal, porque não há nem produção artificial de

Desconstruindo um mito.

> alimentação, nem restrição ao casamento pela prudência. Posto que algumas espécies se multipliquem hoje mais ou menos rapidamente, não pode ser o mesmo para todas, porque a terra não as poderia comportar". (Darwin, C. 2003. Pág. 78)

ÉTIENNE GEOFFROY DE ST. HILAIRE

O naturalista francês Étienne Geoffroy de St. Hilaire (1772-1844) acreditava na mutação das espécies, assim como Darwin anos mais tarde. No decorrer dos anos ele acumulou evidências para suas afirmações por meio de pesquisa no comparativo anatômico, paleontologia e embriologia.

Em 1818 ele publicou a primeira parte de seu célebre *"Anatomique Philosophie"* (Filosofia anatômica), o segundo volume publicado foi em 1822.

Neste livro Geoffroy indagou o seguinte: "Podem a organização dos animais vertebrados ser encaminhado para um tipo uniforme?" Ele acreditava que a resposta era sim, todo vertebrado incluindo a espécie humana tinham modificações a partir de um único modelo.

Desconstruindo um mito.

Amigo de Lamarck e defensor de suas teorias evolucionistas. Geoffroy elaborou regras para decidir quando as estruturas de dois organismos diferentes eram homólogas. As estruturas em diferentes organismos só podem ser o mesmo se suas partes fossem ligadas uns aos outros no mesmo padrão. Como define Charles Darwin em seu livro.

> "Não é muito notável que a mão do homem feita para prender, a garra da toupeira destinada a escavar a terra, a perna do cavalo, a barbatana do golfinho e a asa do morcego, sejam todos construídos pelo mesmo molde e encerrem ossos semelhantes, situados nas mesmas posições relativas? (...) Geoffroy Saint-Hilaire tem insistido muito sobre a alta importância da posição relativa ou da conexão das partes homólogas, que podem diferir quase indefinidamente com respeito à forma e à grandeza, mas que ficam, contudo, unidas entre si se- gundo uma ordem invariável. (...)A mesma lei se encontra na construção da boca dos insetos; o que há de mais diferente do que a grande tromba

enrolada em espiral da borboleta-esfinge, do que a tão singularmente pregueada da abelha ou do percevejo; e do que as grandes maxilas de um coleóptero? Todos estes órgãos, contudo, servindo para usos tão diversos, são formados por modificações infinitamente numerosas de um lábio superior, de mandíbulas e dois pares de maxilas. A mesma lei regula a construção da boca e dos membros dos crustáceos. O mesmo se passa nas flores dos vegetais". (Darwin, C. 2003. Pág. 495-497)

Após Geoffroy definir as estruturas homólogas, tornou-se uma importante fonte de apoio para a evolução, e uma ferramenta indispensável para a identificação da evolução.

WILLIAM CHARLES WELLS

O médico escocês William Charles Wells (1757 - 1817) fez a primeira declaração clara sobre a seleção natural. Em 1818 Wells publicou um relato de uma

Desconstruindo um mito.

mulher de cor branca, cuja pele assemelha a de um negro; com algumas observações sobre as causas das diferenças de cor entre brancos e negros.

Wells analisou as diferenças raciais e "adaptação local" na resistência às doenças entre as diferentes raças humanas. Mesmo sem usar o termo "seleção natural", sua teoria é um mecanismo básico da seleção natural.

Charles Darwin chegou a declarar que Wells reconheceu o princípio da seleção natural antes a ele.

> "Quanto ao mero enunciar do princípio da seleção natural, é bastante insignificante determinar se o Professor Owen me precedeu ou não, pois, como demonstrei nesta resenha histórica, ambos fomos precedidos há muito tempo por Wells e Matthew". (Darwin, C. 2010. Pág. 14)

PATRICK MATTHEW

Patrick Matthew (1790-1874) foi um naturalista escocês, ele publicou um conceito básico sobre seleção natural para a evolução em seu livro 1831,

Desconstruindo um mito.

"Naval Timber and Arboriculture" (*Madeira Naval e Arboricultura*). No livro ele elaborou um conceito sobre a eliminação de árvores de má qualidade da madeira a fim de melhorar a qualidade da madeira, ou criar novas variedades de árvores.

Suas ideias caíram no esquecimento por quase três décadas, até em 1860 quando Matthew leu uma resenha de Darwin no *"The Gardener's Chronicle"* (Crônica do jardineiro). Ao ler os textos do Darwin, ele resolveu escrever uma carta para a publicação, falando do seu trabalho anterior, nesta carta ele extraiu exemplos do seu livro para comprovar a veracidade dos fatos.

Ao ler a carta de Matthew, Darwin envia uma carta a seu amigo Charles Lyell.

> "No último sábado *The Gardener's Chronicle"* um Sr. Patrick Matthew publica longo extrato do seu trabalho "Timber Naval e Arboricultura", publicado em 1831, no qual ele brevemente, mas completamente antecipa a teoria da Seleção Natural. (...) De qualquer forma peço desculpa por não ter descoberto o trabalho sobre "Madeira Naval".(Carta 2754– Darwin, CR para Lyell, Charles, 10 abril. 1860).

Desconstruindo um mito.

Darwin então escreveu uma carta para *"The Gardener's Chronicle"* afirmando:

> Eu fiquei muito interessado pela comunicação do Sr. Patrick Matthew no número do seu jornal, datado de 07 de abril. Eu reconheço abertamente que o Sr. Matthew foi antecipado por muitos anos, a explicação que eu ofereci da origem das espécies, sob o nome de seleção natural. Eu acho que ninguém vai se sentir surpreso que nem eu, nem, aparentemente, qualquer outro naturalista, tinha ouvido falar de pontos de vista do Sr. Matthew, considerando como rapidamente eles recebem, e que apareceu no apêndice de um trabalho sobre a Madeira Naval e Arboricultura. **Não posso fazer mais do que oferecer minhas desculpas ao Sr. Matthew para toda a minha ignorância de sua publi- cação.** Se mais uma edição do meu trabalho
>
> é chamado para, Eu irei inserir um

Desconstruindo um mito.

> aviso para o efeito anterior. (Carta 2766 - Darwin, CR para Gardener's Chronicle, Charles, 13 abril. 1860).

Como prometido, Darwin incluiu uma declaração sobre Matthew tendo antecipado "precisamente o mesmo ponto de vista sobre a origem das espécies" no terceiro e posteriores edições de "A Origem das Espécies", referindo-se a correspondência, e citando uma resposta por Matthew publicado no "Gardener's Chronicle". Darwin escreveu que.

> Em 1831, M. Patrick Matthew publicou um tratado com o título Naval Timber and Arboriculture, no qual emite exatamente a mesma opinião que M. Wallace e eu expusemos no Linnean Journal, e que vou desenvolver na presente obra. Infelizmente M. Matthew enunciou as suas opiniões laconicamente e em passagens disseminadas num apêndice a uma obra tratando de assunto muito diverso; passariam até despercebidas se M. Matthew não chamasse a atenção para elas no

Desconstruindo um mito.

> Guardener's Chronicle (7 Abril 1860).
> As diferenças em os nossos modos de
> ver não têm grande importância.
> Parece crer que o mundo foi quase
> despovoado em períodos sucessivos
> e povoado de novo em seguida;
> admite, a título de alternativa, que
> novas formas podem produzir-se
> sem auxílio de molde ou germe
> anterior. Julgo não compreender
> bem algumas passagens; parece-me,
> todavia, que dá muita importância à
> ação direta das condições da
> existência. Contudo, estabeleceu
> claramente todo o poder do
> princípio da seleção natural.
> (Darwin, C. 2010. Pág. 12).

EDWARD BLYTH

O inglês zoólogo Edward Blyth (1810-1873),
escreveu três artigos discutindo os efeitos da seleção
artificial e natural. Estes artigos foram publicados na
"Magazine of Natural History" (revista de História

Desconstruindo um mito.

Natural) entre 1835 e 1837. No artigo publicado em 1835 Blyth reconheceu o princípio da seleção natural e sua aplicação à seleção artificial ou criação de animais.

Provavelmente estes artigos influenciaram Darwin, a *"Magazine of Natural History"* era a principal revista sobre zoologia da época, e seus amigos, incluindo Lyell publicavam seus artigos nela.

Segundo Paul Johnson no livro *"Darwinretrato um gênio"* (2013), Darwin teria copiado em seus primeiros manuscritos em 1842 a 1844 argumentos de Blyth.

Se houve ou não um plágio por parte do Darwin, isso não afetou a relação entre ambos, Blyth continuou fornecendo informações a Darwin, e ambos mantinham correspondências regulares.

Em uma carta direcionado a Darwin, Edward Blyth

> "(...) estou muito satisfeito ao saber que um assunto em que eu sempre senti o mais profundo interesse foi realizado por alguém tão competente para tratar do mesmo em todos os seus aspectos". (Carta - Blyth para Darwin. 21 abr. 1855).

Em uma carta a Darwin no ano de 1855, Bryth

Desconstruindo um mito.

reconheceu a importância de Wallace na introdução às espécies.

> "O que você acha do papel de Wallace na *Ann MNH* (*Anais e Revista de História Natural*). Wallace tem, penso eu, colocado bem a questão; e de acordo com sua teoria, as várias raças domésticas de animais têm sido bastante desenvolvido em *espécie.(...)*" (Carta - Blyth para Darwin. 08 dez. 1855).

Em posteriores publicações, Darwin reconhece os esforços de Blyth. No primeiro capítulo de *A Origem das Espécies*, Darwin escreveu:

> "Após os fatos que M. Blyth me comunicou sobre os hábitos, voz, constituição e formação do touro de bossa indiano, é quase certo que ele descende de uma origem primitiva diferente da que produziu o nosso touro europeu. (Darwin, C. 2003. Pág.31)

Loren Eiseley (1907-1977) no artigo "Charles Darwin, Edward Blyth, and the theory of natural

Desconstruindo um mito.

selection" (Charles Darwin, Edward Blyth, e a teoria da seleção natural) escrito no ano de 1959 afirma que os principais princípios do trabalho de Darwin: *"a luta pela existência, variação, seleção natural e seleção sexual, são totalmente expressa por Blyth no ano de 1835"*. (Eiseley, L. 1959. Pág.103)

ALFRED RUSSEL WALLACE

O naturalista Alfred Russel Wallace (1823-1913) foi contemporâneo a Darwin e chegou aos mesmos resultados. Existem muitas teorias a respeito de ambos, os seguidores Wallace defendem que este chegou aos resultados primeiro, e vice versa. A história remete ao Darwin toda a teoria. Mas porque algumas pessoas têm esta dúvida?

Darwin só conheceu Wallace em 1855, quando este publicou um ensaio intitulado Da Lei que Regula a Introdução a Novas Espécies, afirmando que "todas as espécies surgem tanto no tempo como no espaço através de espécies intimamente relacionadas". O trabalho apareceu nos Annals and Magazine of Natural History em setembro do mesmo ano. Mas muito antes, Wallace foi influenciado por Darwin, em meados do ano de 1842, ao ler "Journal of Researches".

Desconstruindo um mito.

Wallace sabia do interesse de Darwin na questão de como as espécies se originavam, e em 1858 enviou para Darwin seus ensaios "On the Tendency of Varieties to Depart Indefinitely From the Original Type" (Sobre a Tendência das Variedades se Afastarem Indefinidamente do Tipo Original) para que o mesmo desse sua opinião. Nestes manuscritos, Wallace relata a sua própria teoria da seleção natural.

Ao receber o trabalho, Darwin ficou muito impressionado. O mesmo enviou uma carta ao amigo Lyell comentando o trabalho que acabará de receber:

> Sua afirmação de que alguém se anteciparia a mim materializou-se da maneira mais incomum (...). Nunca vi coincidência mais impressionante. Se Wallace dispusesse de meu manuscrito, redigido em 1842, não poderia ter feito um resumo melhor! Até seus termos figuram hoje como Títulos de meus Capítulos (...). Portanto, toda a minha originalidade, seja ela qual for, será destroçada (DARWIN, 1858, p. 107).

Desconstruindo um mito.

Em sua autobiografia, Darwin admite que os seus manuscritos estavam mal escritos, enquanto que o de Wallace era "admiravelmente formulado e muito claro." (DARWIN, 1882, p. 105).

Na década de 1980 foi levantada a hipótese de que Darwin teria inserido os textos de Wallace em seu livro, naturalmente omitindo o nome de Wallace.

Recentemente Darwin foi alvo de ataques por parte da Fundação Wallace, segundo estas acusações, o mesmo teria plagiado Wallace.

Darwin e Wallace foram influenciados a respeito da formação das espécies, lendo os ensaios de Malthus, "Primeiro Ensaio" escrito no ano de 1798, e o "Segundo Ensaio" no ano de 1803.

Muitos cientistas nos dias atuais acreditam que Charles Darwin, Alfred Russel Wallace e Patrick Matthew desenvolveram a teoria da evolução por seleção natural independente um do outro. Entretanto há relatos de que Darwin e Wallace tenham encontrado o trabalho de Matthew muito antes.

No Quadro-1 encontram-se alguns naturalistas precedentes a Darwin, e que de alguma forma contribuíram direta ou indiretamente no desenvolvimento da teoria evolucionista.

A ordem dos naturalistas classificados no Quadro-1-(Naturalistas precedentes a Darwin no desenvolvimento da teoria da evolução) decorre

Desconstruindo um mito.

ao ano das publicações dos livros, desde Anaximandro
até Darwin, como se encontra na coluna abaixo.

Naturalistas precedentes a Darwin no desenvolvimento da teoria da evolução.

Nome	Data de nasc. e morte.	Publicação do livro	Nome do livro ou desenvolvimento da teoria	País de origem
Anaximandro de Mileto	(610-546 A.C)	Publicado antes de Cristo. Perdeu-se no tempo.	Escreveu "Sobre a natureza", que se perdeu no tempo.	Cidade de Mileto atual Turquia.
Nasir al-Din al-Tusi	(1201-1274)	1332	"Akhlaq Nasiri" (éticas de Nasirean)	Irã
Pierre Louis Moreau de Maupertuis	(1698-1759)	1745	Livro-Vénus Physique	França
Buffon (Georges-Louis Leclerc)	(1707 - 1788)	Publicado entre (1749 e 1804)	Produziu uma grande obra com 44 volumes sobre História Natural.	França
Louis-Jean-Marie Daubenton	(1716 - 1800)	1762	Apresentou trabalho sobre ossadas fósseis.	França
Johann Gottfried Herder	(1744 - 1803)	Publicado entre (1784 e 1791)	Livro - Ideias para uma filosofia da história da humanidade.	Alemanha
Johann Wolfgang von Goethe	(1749 - 1832)	1790	Desenvolveu pesquisas na área das Ciências Naturais.	Alemanha

Desconstruindo um mito.

Lacépède	(1756 - 1825)	Publica do entre (1788-1790)	Dentre as várias publicações destaca- se o livro - História Natural dos Quadrúpedes e serpentes ovíparos.	França
Erasmus Darwin	(1731 - 1802)	1792	Livro – Zoonomia.	Inglaterra
James Hutton	(1726-1797)	1785-1788	Artigos longos sobre a "Teoria da Terra."	Escócia
John Playfair	(1748 - 1819)	1802	Livro - Ilustrações da Teoria Huttonian da Terra.	Escócia
Thomas Robert Malthus	(1766-1834)	1798 e 1803	"Primeiro Ensaio" e "Segundo Ensaio"	Inglaterra
Jean Baptiste de Lamarck	(1744 - 1829)	1809	Livro - Filosofia zoológica.	França
William Charles Wells	(1757 - 1817)	1818	Escreveu um artigo sobre uma mulher branca com manchas de pele negra.	Escócia
Étienne Geoffroy de St. Hilaire	(1772 - 1844)	Publicado entre (1818 e 1822)	Livro – Filosofia Anatômica. Foi o fundador da Embriologia.	França
Patrick Matthew	(1790 - 1874)	1831	Publicou "Madeira Naval e Arboricultura". Um princípio da Seleção Natural como mecanismo da evolução.	Escócia
Charles Lyell	(1797 - 1875)	1830-1933	Três volumes – "Princípios de Geologia". Lido por Darwin no Beagle.	Escócia

<h1 style="text-align:center">Desconstruindo um mito.</h1>

		Publicado entre (1835 e 1837)	Escreveu três artigos sobre variação, discutindo os efeitos da <u>SELEÇÃO ARTIFICIAL</u> e processo natural (mais tarde chamado de <u>SELEÇÃO NATURAL</u>)	
Edward Blyth	(1810 - 1873)	Publicado entre (1835 e 1837)	Escreveu três artigos sobre variação, discutindo os efeitos da <u>SELEÇÃO ARTIFICIAL</u> e processo natural (mais tarde chamado de <u>SELEÇÃO NATURAL</u>)	Inglaterra
Alfred Russel Wallace	(1823 - 1913)	1858	Escreveu um ensaio no qual praticamente definia as bases da <u>TEORIA DA EVOLUÇÃO</u>.	Inglaterra
Darwin	(1809 - 1882)	1859	Livro - A Origem das Espécies.	Inglaterra

Quadro 1. *Naturalistas precedentes a Darwin no desenvolvimento da teoria da evolução. Fonte: Proprio autor.*

Dos pensadores que precederam a Darwin no estudo da origem das espécies, Lamarck era o que mais lhe interessava, Darwin descobriu as doutrinas de Lamarck em uma obra do Charles Lyell sobre geologia. Mas foi seu avô Erasmus Darwin seu maior inspirador. Entretanto, se Darwin não tivesse o contato com os manuscritos de seu avô ainda jovem, provavelmente não teria se interessado pelo conteúdo.

Após a publicação do livro "Origem das Espécies", Charles foi acusado por seus contemporâneos de não reconhecer seus antecessores que haviam escrito sobre a seleção natural. A pressão foi tamanha, que em 1861 na terceira edição de seu livro, adicionou um esboço histórico, e listou alguns escritores.

Após o ocorrido, os ataques continuaram, entretanto Darwin foi acrescentando personagens até a sexta e última edição do livro. Ele mencionou mais de 30 autores que contribuíram com a teoria da evolução das espécies.

DARWIN NÃO ACREDITAVA NA TEORIA DA PANGEIA E DERIVA CONTINENTAL

No início do século XX, mais precisamente no ano de 1912, o meteorologista alemão Alfred Wegener com 32 anos, desenvolveu a teoria da "deriva continental" e apresentou esta teoria no encontro da Sociedade Geológica de Frankfurt. Em 1915 Wegener apresentou as ideias em seu livro "the origin of continents and oceans".

A teoria "Deriva continental" denota que os continentes derivam lentamente sobre as bacias oceânicas, há aproximadamente 200 milhões de anos. Todos os continentes eram unidos, formando um supercontinente, ou seja, a África, a América e a Oceania não eram como se conhecem hoje. Este supercontinente ficou conhecido como PANGEIA.

Ao se passar milhares de anos a Pangeia se fragmentaram e deram origem a dois outros continentes, denominados de Laurásia e Gondwana, a separação ocorreu lentamente. Após este processo, estes dois continentes deram origens aos continentes que se conhecem hoje. Tudo ocorreu lentamente.

Desconstruindo um mito.

Para desenvolver a teoria, Wegener se apoiou na similaridade entre as linhas da costa da América do Sul e África, um encaixe quase perfeito. Além das estruturas geológicas presentes em ambos os continentes e a distribuição de fósseis e plantas. Fósseis similares encontrados nas regiões brasileiras e na África, eram incapazes de atravessar o Oceano Atlântico. Portanto Wegener chegou a conclusão de que os animais teriam vivido nos mesmos ambientes em tempos remotos.

Muito tempo antes de Wegener, outros geólogos também notou o encaixe dos continentes, mas Wegener encontrou argumentos abundantes para sua ideia através de uma vasta pesquisa na literatura geológica.

Por volta do ano de 1596, Abraham Ortelius um elaborador de mapas, sugeriu que as Américas tinham se separado da Europa e da África por terremotos e enchentes. Ortelius afirmava que, se fizer uma junção entre os continentes, verificava-se a coerência entre as linhas da costa.

A teoria proposta por Wegener não foi aceita em sua época, a classe cientifica o ridicularizou. Mas por volta de 1960, após 30 anos de sua morte, a teoria foi aceita como verdadeira. No decorrer da história, muitos outros pesquisadores defenderam um único continente, como se pode observar abaixo.

- Francis Bacon em 1620 na obra "Novum

Organum" sugere um ajustamento da costa oriental da América do Sul com a costa ocidental da África.

- François Placet em 1666 na obra "La Corruption du gran et petit Monde" defendeu que, as terras deveriam estar unidas, separando-se a partir do momento em que houve o afundamento da Atlântida e um continente ocidental ergueu-se ou formou-se pela aglomeração de ilhas.
- Alexander de Humboldt em 1801 observou o mesmo ajuste dos continentes Africano e Sul-americano que Bacon já observara; concluiu que o oceano Atlântico correspondia a um extenso vale através do qual, as águas

  oceânicas invadiram, sugerindo a separação dos continentes.
- Dana em 1846 observou a ocorrência de sedimentos marinhos nos continentes, geralmente em suas bordas, Dana concluiu que estes seriam depositados durante inundações temporárias do mar sobre a terra, descartando a possibilidade de haver movimentos verticais dos continentes, cujo afundamento explicaria a ocorrência de tais sedimentos.
- Antonio Snider Pellegrini em 1858 na obra,

"La création et sés mystères dévoilés" descreve que, quando a massa em fusão da Terra se esfriou e cristalizou, os continentes se concentraram em um só lado, criando uma instabilidade que só se equilibrou após o Dilúvio Bíblico, provocando extensas fraturas e separação das Américas em relação ao Velho Mundo. Nesta obra, ele acrescenta o ajustamento dos continentes Africano e Sul-americano.

Todos estes personagens destacados acima, vieram antes de Darwin e defendiam a teoria de um único continente. Mas o que poucos sabem, é que Darwin por sua vez não acreditava em tal teoria.

Darwin fez comparações entre as espécies do arquipélago Galápagos com as espécies da América. Os resultados comprovavam a analogia entre ambos. O mesmo comparativo foi feito na população do arquipélago de Cabo Verde com as espécies africanas, obtendo-se o mesmo resultado.

Mas para Darwin, esta analogia não se dá pelo fato de outrora as regiões serem interligadas, como se pode observar no texto abaixo, retirado do livro a "Origem das Espécies"

"As populações das ilhas do

Desconstruindo um mito.

> arquipélago de Cabo Verde tem as mesmas analogias com os habitantes da África, como os habitantes das Galápagos com os tipos americanos... É evidente, pelo contrário – segundo a teoria que defendemos – que as ilhas de Galápagos – quer em consequência de uma antiga ligação com a terra firme (se bem que eu não partilhe esta opinião), quer por meio de transporte casual. Mas as ilhas, embora em frente uma das outras, são separadas por braços de mar muito profundos, geralmente mais largos do que a Marcha, e nada indica que fossem outrora unidos." (Darwin, C. 2010. Pág. 291-293).

Darwin não acreditava que estas regiões eram semelhantes devido a uma possível "união" de todos os continentes (PANGEIA). Sabe-se hoje que estas analogias apontadas por Darwin são decorrentes da união de todos os continentes. Ao se separarem devido às placas tectônicas, cada espécie ficou nas regiões correspondentes, como se pode observar na Figura 1.

Desconstruindo um mito.

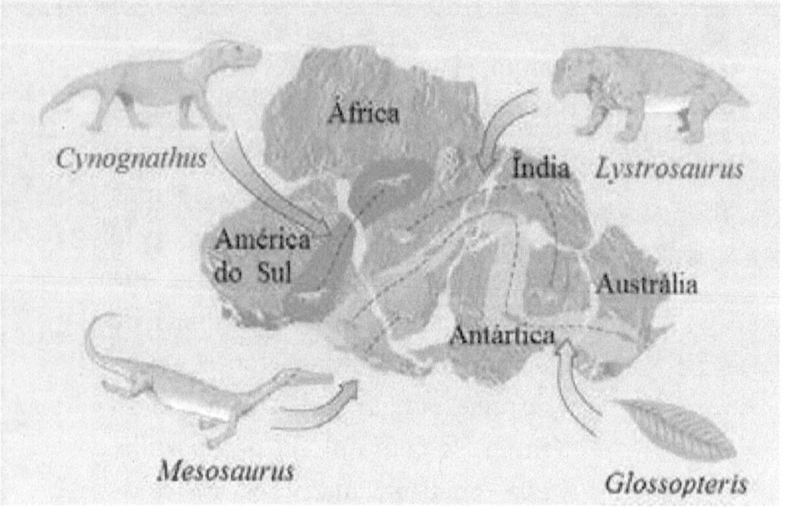

Figura 1: Evidências de plantas e animais encontrados nas regiões destacadas, indicando que continentes outrora estiveram ligados.
Fonte:http://espacociencias.com/site/ciencias-7o-ano/dinamica-interna-da-terra/deriva-continental/

Podem-se observar na ilustração anterior, as regiões em que foram encontrados vários fosseis de animais e plantas. Mostrando então, uma interligação destes continentes. Como se pode observar no texto abaixo.

Lystrosaurus era um terapsídeo classificado como dicinodonte (répteis semelhantes a mamíferos). Vários fosseis do *Lystrosaurus* foram encontrados na África, Índia, China, Antártica e alguns na Mongólia e na parte européia da Rússia. O paleontólogo Edwin H. Colbert (1905-2001) e sua equipe em 1969-70 descobriram os fósseis nas montanhas da Antártica. Com isso a descoberta contribuiu para afirmar a teoria das placas tectônicas, pois os fósseis também haviam sido

encontrados na África do Sul bem como na Índia e China.

Cynognathus crateronotus ou *Cinognato* que significa "mandíbula do cão" os fósseis desta espécie foram encontrados na África do Sul, América do Sul, China e Antártica.

O *Mesosaurus* trata-se de um pequeno réptil, com corpo esguio (alto) e uma longa cauda, medindo aproximadamente 1metro em sua fase adulta. Ele foi descoberto na Américado Sul (Brasil, Uruguai e Paraguai) e no sul-sudeste do continente africano (África do Sul).

A presença deste fóssil no Continente americano e africano tem sido uma prova forte da existência da deriva continental.

Os *Glossopteris* eram um grupo de plantas com sementes extintas há milhares de anos. Mais de 70 espécies deste gênero foram descobertas somente na Índia, outras espécies foram descobertas na América do Sul, Austrália, África e Antártica.

Com a descoberta destes fósseis, pode-se concluir a veracidade da deriva continental, ou seja, Pangeia. Mas Darwin estava convicto, a respeito da não união

Desconstruindo um mito.

dos continentes. No seu livro "A Origem das Espécies"
ele relata da seguinte maneira.

"Nenhum geólogo contesta as
grandes alterações de nível que se têm
produzido durante o período atual,
alterações de que os organismos vivos
têm sido contemporâneos. Eduardo
Forbes insistiu no fato de todas as
ilhas do Atlântico deverem ter sido,
em época recente, ligadas à Europa
ou à África, da mesma forma como a
Europa estava ligada à América.
Outros sábios têm igualmente
lançado pontes hipotéticas sobre
todos os oceanos, e ligado quase
todas as ilhas a um continente. Se
pudesse prestar-se inteira confiança
nos argumentos de Forbes, necessário
seria admitir que todas as ilhas foram
recentemente ligadas a um
continente. Esta hipótese corta o nó
górdio da dispersão de uma mesma
espécie para os pontos mais
distantes, e remove muitas
dificuldades; mas, tanto quanto o
posso julgar, não creio que estejamos
autorizados a admitir que houve-se

Desconstruindo um mito.

> alterações geográficas tão extraordinárias nos limites do período das espécies existentes. Parece-me que temos numerosas provas de grandes oscilações do nível da terra e do mar, mas não alterações bastante consideráveis na posição e na extensão dos nossos continentes para nos dar o direito de admitir que, numa época recente, todos tenham sido ligados entre si assim como às diversas ilhas oceânicas." (Darwin, C. 2010. Pág. 263-287)

Darwin conclui que as possíveis analogias entre lugares tão distantes ou até mesmo entre continentes era devido ao "acaso," encontra-se notório no livro "A origem das espécies" no Capítulo XII "Distribuição geográfica." Os pássaros seriam os agentes responsáveis pelo transporte da vegetação para regiões tão distantes.

> **"As aves vivas não podem deixar de ser agentes muito eficazes para o transporte de sementes. Poderia citar um grande número de fatos que provam que as aves de diversas espécies são**

frequentemente arrastadas pelas tempestades a imensas distâncias no mar. Podemos com toda a segurança admitir que, nestas circunstâncias, devem atingir uma velocidade de vôo cerca de 56 km por hora. (...) Poderia também demonstrar que os cadáveres de aves, flutuando no mar, nem sempre são imediatamente devorados; ora, um grande número de sementes podem conservar por muito tempo a sua vitalidade no papo das aves que flutuam; assim, as ervilhas e as ervilhacas são mortas por alguns dias de imersão em água salgada, mas, com grande surpresa minha, algumas destas sementes, tomadas do papo de um pombo que tinha flutuado em água salgada durante trinta dias, germinaram quase todas." (Darwin, C. 2010. Pág. 263-287)

Segundo Darwin, as semelhanças entre a flora em continentes distantes são devido ao transporte de aves e nunca pela união de todos os continentes. As aves ao se alimentarem deixam sementes intactas no papo ou nas vísceras, de forma que quando esta chega à outra região e morre, ou defeca, deixa semente que em contato com o solo germinam.

Para Darwin, as aves também fizeram esta transferência de vegetação a regiões longínquas através de suas patas, pois em contato com a lama que contém sementes, estas aves carregam a mesma para regiões muito distantes.

> "(...) as numerosas aves que são anualmente arrastadas pelas tempestades a distâncias consideráveis no mar, assim como as que emigram cada ano, os milhões de codornizes que atravessam o Mediterrâneo, por exemplo, devem ocasionalmente transportar algumas sementes escondidas na lama que lhes adere ao bico e às patas... Ora, as aves desta ordem são geralmente grandes viajantes e encontram-se por vezes até nas ilhas mais distantes e mais estéreis, situadas em pleno oceano. É pouco provável que pousem na superfície do mar, de modo que a lama aderente às patas não sofre o risco de ser tirada." (Darwin, C. 2010. Pág. 263-287)

Desconstruindo um mito.

Darwin justifica as analogias das regiões estudadas, exclusivamente aos pássaros, e nunca a união de todos os continentes como é aceita pelos cientistas hoje em dia.

A TEORIA DA RECAPITULAÇÃO NÃO É UMA TEORIA DE DARWIN

A teoria da recapitulação é uma teoria evolutiva proposta pelo naturalista alemão Ernert Heinrich Philipp August Haeckel (1834-1919). Ele estabelece uma relação entre o desenvolvimento de embriões (ontogenia) e o processo evolutivo dessas espécies (filogenia), de modo a afirmar que o desenvolvimento embrionário de um indivíduo de determinada espécie traça os mesmos caminhos evolutivos dos embriões de toda a espécie.

Segundo a teoria de Haeckel, o embrião de um ser humano dava início ao seu desenvolvimento através de um ovo fertilizado, bem semelhante à primeira célula que apareceu no planeta. Devido às sucessivas divisões celulares, surge então bem estruturado, em seguida, esse "corpo" começa a desenvolver músculos, vértebras e uma estrutura bem parecida com brânquias (fase do peixe); depois há o aparecimento e membros, mãos e pés, e um rabo (fase do anfíbio); até que por fim, os órgãos se formam quase por completo e o rabo some (fase humana).

Haeckel propôs a teoria levando em consideração apenas às semelhanças do embrião do indivíduo com relação à espécie como um todo, sem dar a devida importância às gritantes diferenças, o que fez com que o naturalista fosse bastante criticado

pelos embriólogos da época, como Janes Oppeinheimer e Erich Blechsmidt.

Haeckel também adulterou desenhos da cabeça de um embrião canino e utilizou deles para dar sustentação à sua teoria e conquistar o apoio de embriólogos renomados.

A fraude foi descoberta, e Haeckel foi condenado pelo tribunal Universitário de Jena (Universidade onde lecionou zoologia por quese 50 anos). No julgamento, confessou que só fez as alterações nos seus desenhos para preencher alguns vazios de sua teoria, e apenas repetiu o que muitos cientistas faziam.

Embora a teoria da recapitulação fosse muito inconsistente e as críticas sobre ela tivessem fortes fundamentos, não deixaram de ensiná-la em escolas e universidades, e ainda foi muito citada em livros, mesmo sabendo que grande parte de tudo aquilo não passava de uma fraude. Há cientistas que rebatem a teoria de Hackel, outros que continuam a estudá-la e considera-la um importante conhecimento evolutivo e têm nela a maior teoria de evolução das espécies de todos os tempos. Darwin descreve sobre as várias espécies existentes de animais, e segundo ele, todos são muito semelhantes em sua fase embrionária.

> "(...)com efeito, que os embriões das espécies mais distintas pertencentes a uma mesma classe são geralmente muito semelhantes, mas, desenvolvendo-se, tornam-se muito diferentes... Não se poderia encontrar uma melhor prova deste fato do que estas palavras de Von Baer. Os embriões dos mamíferos, das aves, dos lagartos, das serpentes, e provavelmente também os das tartarugas, assemelham-se muito durante as primeiras fases do seu desenvolvimento, **tanto no seu con- junto** como no modo de evolução das partes; **esta semelhança é mesmo tão perfeita, que somente os podemos distinguir pelo tamanho.**" (Darwin, C. 2010. Pág. 337)

Von Baer havia estabelecido que, durante a embriogênese (formação e desenvolvimento dos tecidos e órgãos no embrião) dos organismos pertencentes a um mesmo grupo, pode-se verificar de modo evidente a presença da forma principal característica do grupo. Além disso, ele havia apontado que a coincidência de forma era tão expressiva nas fases iniciais da embriogênese que chegava a ser impossível distinguir os germes das distintas espécies dentro de um mesmo grupo. Depois, progressivamente eles se afastavam da forma básica do tipo, assim, como sintetizou Radl:

> "Segundo Baer, todos os animais se desenvolvem de tal maneira que, a princípio, se formam os traços fundamentais de seu tipo; mais tarde vão diferenciando-se mais e mais; o embrião possui sucessivamente, a princípio só as propriedades do tipo, logo as da classe, da ordem, da família, do gênero e da espécie, até que aparecem finalmente, as qualidades individuais; o embrião, por exemplo, primeiro é vertebrado, depois ave, ave terrestre, galináceo, frango, galinha de certa classe e cor."
> (RADL, 1988,II, Pág. 57-8)

Para ilustrar tal questão, segue abaixo o famoso quadro comparativo de Haeckel. Esta imagem de embriões foi amplamente difundida e ganharam grande notoriedade.

A imagem (Figura-2) foi muito criticada, pois muitos alegaram que Haeckel os falsificou para legitimar as semelhanças entre os embriões. Darwin acreditava que os embriões eram desta forma.

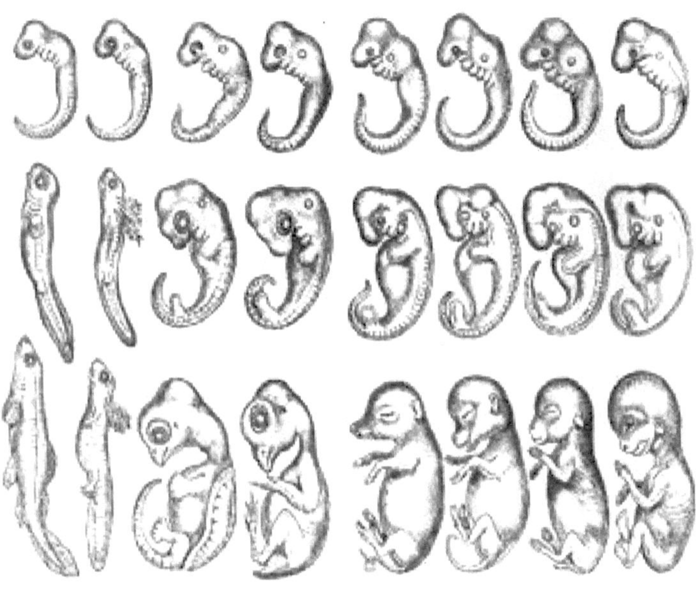

Figura 2: Semelhanças entre embriões, feito por Haeckel. Fonte: Haeckel, Anthropogenie, 1877, pranchas VI e VII

Na figura 2, a ordem dos embriões da esquerda para a direita encontra-se:

1. Peixe
2. Salamandra
3. Tartaruga
4. Galinha
5. Porco
6. Bezerro
7. Coelho
8. Humano

No início do desenvolvimento embrionário dos cordados, a estrutura anatômica é semelhante. Por exemplo, as fendas branquiais que ocorrem em todos os grupos. Nos peixes estas fendas originam brânquias funcionais, nos vertebrados originam estruturas da cabeça e do pescoço.

Segundo Darwin, as semelhanças embrionárias ocorrem entre espécies distintas, como *os mamíferos, as aves, os lagartos, as serpentes, e provavelmente até as tartarugas*. As semelhanças seriam em todo o conjunto, e não somente em alguma estrutura. Hoje em dia, pode-se obter mais detalhes dos embriões, como mostra na figura 3.

Desconstruindo um mito.

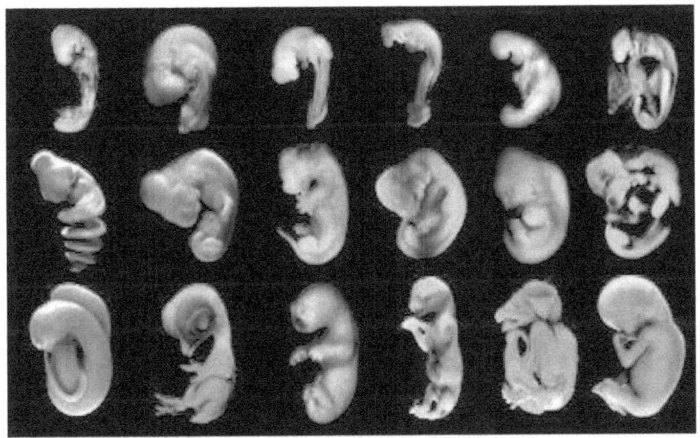

Figura 3: Comparações
entre embriões.
Fonte:biodersongrapiun

Na figura-3, a ordem dos embriões da esquerda para a direita encontra-se:

1. Cobra
2. Galo
3. Marsupial Cuso-zorro
4. Gato
5. Morcego
6. Humano

Ao observar várias espécies em sua fase embrionária, nota que, tanto na fase inicial quanto na final, a diferença fenotípica em seu conjunto é notável. Divergindo ao que Darwin acreditava.

Desconstruindo um mito.

A EXPRESSÃO "SELEÇÃO NATURAL" JÁ EXISTIA ANTES DE DARWIN

A expressão "Seleção Natural" já era de uso comum na época de Darwin. Meses antes a publicação do livro, em uma carta a Charles Lyell no dia 30 de março de 1859. Darwin escreve: "A razão de eu gostar desse termo é que ele é constantemente utilizado em todos os trabalhos sobre a Criação..." "Também lamento o termo Seleção Natural, mas espero conserva-lo como uma explicação mais ou menos assim: Através da Seleção Natural ou preservação das raças favorecidas. (Carta - Darwin para Lyell. Trad. Vera. 1998, p. 289).

O que torna a "Seleção Natural" exclusivamente de Darwin é no sentido que ele atribui: "preservação das raças favorecidas", que remete ao lema "sobrevivência do mais apto." O ambiente seleciona indivíduos mais adaptados a uma determinada condição ecológica e ao mesmo tempo elimina aqueles animais que não conseguem se ambientar a estas condições. Ou seja, o animal que melhor se adaptar a uma determinada região, levará vantagens sobre as demais, e assim deixando um número maior de sobreviventes.

A teoria é adotada pelos cientistas contemporâneos como a teoria mais viável na justificação de que os seres vivos possam sobreviver ao longo do tempo, em detrimento de outros.

Em seu livro, Darwin destaca que na teoria da "sobrevivência do mais apto" ou "Seleção Natural" uma espécie não pode existir exclusivamente para oferecer vantagens à outra, se isso ocorrer, a teoria não poderia ser verdadeira. Como se pode observar no texto abaixo.

> "Se alguém provasse que uma parte qualquer da conformação de uma dada espécie foi formada com o fito exclusivo de oferecer algumas vantagens à outra espécie, **seria a ruína da minha teoria**, estas partes, com efeito, **não poderiam ser produzidas pela seleção natural.**" (Darwin, C. 2010. Pág. 147)

Segundo Darwin, uma espécie não se modifica exclusivamente para oferecer vantagens a outras espécies, se tal processo ocorresse, à teoria da seleção natural não seria válida. A julgar que, a teoria se resume em espécies mais aptas sobressaindo os mais fracos e os eliminando.

Há exemplos na natureza de espécies que se alto beneficiam através de outra, como se pode observar no mutualismo (interação entre duas espécies que se beneficiam reciprocamente).

Os liquens são seres vivos, constituem uma simbiose formada por fungos e algas. Nesta interação ecológica interespecífica (espécies diferentes) harmoniosa, há vantagens recíprocas para as espécies. A associação é permanente dependente, onde os indivíduos não sobrevivem separados.

Os fungos são responsáveis por absorção de água e sais minerais, enquanto as algas são encarregadas para realizar a fotossíntese.

O primeiro a abordar o argumento da ajuda mútua como principal fator de evolução foi o zoólogo russo Karl Fiódorovich Kessler (1815 – 1881), reitor da universidade de São Petersburgo, em uma palestra proferida em 1880 para naturalistas.

Kessler afirmava a existência da luta pela sobrevivência, mas a negava como o motor da evolução das espécies. Como relatou Kropotkin (1842 – 1921) no livro *"Mutualismo: Um Fator de Evolução"* publicado em 1902.

Desconstruindo um mito.

> "É óbvio que não nego a luta pela sobrevivência, mas sustento que o desenvolvimento progressivo do reino animal, e principalmente da humanidade, é muito mais favorecido pela ajuda mútua do que pela luta de todos contra todos. [...] Todos os seres vivos têm duas necessidades essenciais: a nutrição e a propagação da espécie. A primeira leva-os à guerra e ao extermínio mútuo, ao passo que a segunda faz com que se aproximem e se apoiem mutuamente. Mas estou inclinado a pensar que, na evolução do mundo orgânico – na modificação progressiva dos seres orgânicos –, a ajuda mútua desempenha um papel muito mais importante do que a luta entre indivíduos." (KROPOTKIN, 2009, pg. 38)

Para Kropotkin a ajuda mútua é a regra em muitas das grandes divisões do reino animal.

ESPECIAÇÃO ATRAVÉS DO ISOLAMENTO GEOGRÁFICO

Especiação é o processo da formação de uma nova espécie biológica. Um dos processos da especiação é o isolamento geográfico.

Para que ocorra uma especiação no isolamento geográfico, a mesma espécie deverá encontrar-se separada por algum tipo de barreira física, por exemplo: rios, montanhas, vales, etc. Estas barreiras isolarão as populações para que não haja trocas genéticas, impedindo que elas mantenham contato entre si. Após certo tempo, ao se cruzarem novamente, ambas estarão estéreas, surgindo duas novas espécies.

Darwin apresenta em seu livro, ideias de esterilidade em espécies através do seu isolamento geográfico. Como se observa na frase retirada do seu livro.

"Em primeiro lugar, pode notar-se

Desconstruindo um mito.

> que espécies que habitam regiões
> diversas ficam estéreis quando se
> cruzam" (Darwin, C. 2010. Pág.
> 208)

> "Mas, como vimos, os seres
> organizados no estado de natureza,
> habituados durante muito tempo a
> certas condições uniformes,
> tendem a tornar-se mais ou menos
> estéreis quando são submetidos a
> uma mudança considerável destas
> condições, como, por exemplo, se
> são reduzidos a cativeiro; sabemos,
> além disso, que cruzamentos entre
> machos e fêmeas muito afastados,
> isto é, especificamente diferentes,
> produzem geralmente híbridos mais
> ou menos estéreis. Estou convencido
> que este duplo paralelismo não é
> nem acidental nem ilusório".
> (Darwin, C. 2010. Pág. 212)

Segundo Fábio Sene a esterilidade através do isolamento pode ser analisada do seguinte modo:

> "...as populações vivem em áreas
> diferentes (geograficamente) são

> alopátricas, ou seja, não ocorrem contatos entre os indivíduos de uma área com os da outra, o que impede que machos de uma população tenham contato com fêmeas da outra." (Sene, F. M. 1981. Pág. 109)

O pensamento de Darwin é contemporâneo com as aceitas atualmente. Mas ao usar esta teoria e aplicar a espécie humana, o resultado não seria o mesmo, pelo menos a um período "curto" de anos.

Quando os portugueses chegaram ao Brasil, os nativos já se encontravam isolados a milhares de anos. Estudos recentes concluem que os homens chegaram às Américas em especial aonde se encontra o Brasil há mais de 22 mil anos.

Ferramentas de pedra usadas para caçar, foram encontradas na Serra da Capivara no Piauí, estes objetos foram datados de 22 mil anos.

Por milhares de anos os nativos não tiveram contatos com os europeus ou asiáticos, pois estavam separados pelo Atlântico (isolamento geográfico), e sem nenhum contato. Entretanto estes não se tornaram espécies diferentes ou estéreas. E quando estes dois povos se copularão, tiveram descendentes férteis, di- ferente do que descreveu Darwin.

Neste capítulo não se discute a veracidade dos

fatos através do isolamento geográfico para o surgimento de novas espécies e muito menos sua esterilidade. Apenas conclui-se que para surgir novas espécies ou esterilidade, o tempo será maior que 20 mil anos, pelo menos para a espécie humana.

DARWIN NÃO CONSEGUIU EXPLICAR A RELAÇÃO ENTRE RÉPTEIS E AVES NO PROCESSO EVOLUTIVO

Um outro ponto a se destacar no livro "Origem das Espécies" é a respeito dos tegumentos nos animais (pêlos, penas e escamas). Darwin conclui que: outrora estes tegumentos não eram importantes aos mamíferos.

> **"Parece não ser importante para a maior parte dos mamíferos, das aves ou répteis, ser cobertos de pêlos, de penas ou escamas.** Contudo, os pelos são transmitidos à quase totalidade dos mamíferos, as penas a todas as aves e as escamas a todos os verdadeiros rép- teis." (Darwin, C. 2010. Pág. 156).

Em vida, Darwin não conseguiu explicar a relação entre os répteis e as aves no processo evolutivo. Foi o biólogo ftomas Henry Huxley (1825-1895) o primeiro a afirmar que as aves nada mais são do que "répteis". Huxley fez comparações detalhadas do Archaeopteryx (espécie fóssil de dinossauro) com vários répteis pré-históricos. A descoberta no final da década de 1870 do "espécime de Berlim" (Imagem-1) contribuiu com a teoria proposto por Huxley.

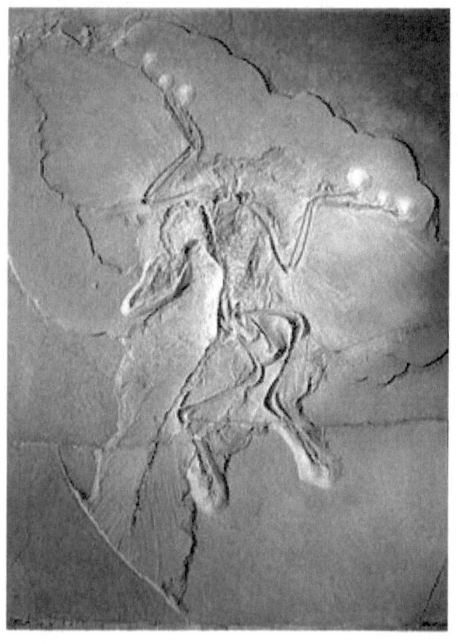

Imagem 1.
Espécime de Berlim.
Foto: H. Raab

Um fator que desfavoreceu Darwin no desenvolvimento da teoria evolucionista, foi a falta

Desconstruindo um mito.

de fósseis de transição, ou seja, fósseis que mostram os estados intermediários entre um ancestral e seus descendentes.

Não se encontrou um fóssil de animal meio ave meio réptil. Contudo, Darwin estava convícto de que os pêlos, penas e escamas não foram muito importantes para a maioria dos mamíferos. Hoje se sabe que todas as espécies se beneficiam destes tegumentos. Como se observa nos tópicos abaixo.

- No homem os pêlos possuem a função de proteger da luz solar direta e diminuir a fricção nas axilas e partes íntimas.
- Sem as penas as aves não podem voar.
- As escamas protegem o animal, além de proteger do frio, conservando a temperatura do corpo; protegem dos choques; são usados na camuflagem, escondendo o animal no meio ambiente de seus predadores; em alguns casos são usados na defesa, o ouriço-cacheiro tem alguns pêlos transformados em espinhos para se defender dos predadores.

Talvez, pelo fato de Darwin não ter como comprovar que as penas evoluíram das escamas dos répteis, fez com que ele escrevesse que os tegumentos de nenhuma espécie tinha tanta importância assim aos mamíferos.

Desconstruindo um mito.

CARACTERÍSTICAS FENOTÍPICAS ADQUIRIDAS E TRANSMITIDAS AOS DESCENDENTES

Em 1957 Waddington utilizou o terno epigenética para destacar a presença de respostas fenotípicas diferentes a possíveis ativações gênicas, repressões e influências externas como mudanças ambientais. Atualmente a epigenética busca esclarecer como fatores ambientais e hábitos alimentares podem interferir no funcionamento dos genes, mesmo sem produzir mutação na sequencia do DNA.

O francês naturalista Lamarck (1744-1829), desenvolveu uma teoria bastante similar, conhecido por "uso e desuso," esta foi descrita por Darwin em seu livro. Ao ler "A origem das espécies" o leitor fica convicto que a teoria é integralmente do Darwin, pois o mesmo não menciona Lamarck como precursor da teoria.

A teoria "uso e desuso" que ambos propagaram

consistem nas modificações fenotípicas de uma determinada espécie, influenciadas pelo uso constante de um órgão até o seu completo desenvolvimento ou o desuso, tornando-o atrofiado e inutilizado, segundo estes, as características adquiridas se tornaram hereditárias.

Na epigenética quanto no "uso e desuso" as características adquiridas ocorriam naturalmente, se tornaram hereditárias, favorecendo a espécie no seu habitat. Na epigenética não há mudança na sequência do DNA.

Segundo Darwin, em um tempo remoto, em determinadas espécies surgiram características físicas que a tornaram indivíduos mais aptos no seu habitat pelo "uso e desuso".

Um exemplo clássico desta teoria defendida tanto por Darwin quanto por Lamarck é o desenvolvimento do pescoço da girafa. Para eles uma espécie de quadrúpede desprovida do pescoço comprido, ao se esforçar para alimentar-se nos galhos altos das árvores, desenvolveu-se o pescoço gigante, outro exemplo citado por Darwin em seu livro é o seguinte:

> "Os morcegos, como já demonstramos, adquiriram provavelmente as asas deslizando

> primitivamente no ar para se transportarem de uma árvore para outra, como os supostos esquilos voantes, quer para escapar aos inimigos."[17] (Darwin, C. 2010. Pág. 160)

Estas características adquiridos no decorrer de suas vidas, foram herdados por gerações consequentes. Darwin completa o raciocínio da seguinte forma:

> "A seleção natural preserva e isola assim todos os indivíduos superiores, incessante, que corresponde exatamente ao que denominei de seleção inconsciente que o homem realiza, combinada sem dúvida em grande proporção com os efeitos hereditários do aumento do uso das partes, parece-me quase certo que um quadrúpede ungulado comum poderia converter-se em girafa." (Darwin, C. 2010. Pág. 158)

Segundo Darwin um cavalo, zebra, porco ou qualquer quadrúpede ungulado, poderia se tornar

Desconstruindo um mito.

uma girafa e estas características adquiridas se tornaria hereditária.

No livro de Darwin "Origem das espécies" no capítulo:

> "As mudanças de hábitos ou de instinto transmitem-se por hereditariedade nos animais domésticos", Darwin escreve que os "animais domésticos em alguns casos, bastam simplesmente hábitos forçados para provocar modificações mentais tornadas hereditárias." (Darwin, C. 2010. Pág. 182)

Teoria esta defendida por Buffon um século antes de Darwin.

Darwin descreve que bastaria um simples hábito forçado pelo homem aos animais domésticos que provocaria modificações mentais hereditárias.

Segundo a teoria "uso e desuso" a mudança só se tornaria hereditária, se o próprio animal estimulasse ou não tal órgão.

Na epigenética tais mudanças só se tornariam hereditárias se ocorressem influências ambientais. Na teoria "Seleção Natural" as mudanças são naturais e contribuem para a sobrevivência da espécie em um determinado ambiente. Observa-se que nenhuma teoria acima o homem tem poder de tornar espécies diferentes com características hereditárias.

Quando o ser humano transforma um animal selvagem em doméstico, as características que o tornaram doméstico não serão transmitidas aos descendentes. Pois se o homem colocar estes filhotes domesticados de volta à selva, por motivo de sobrevivência, este filhote voltara às origens selvagens.

> "Não resta dúvida da importância da epigenética para a compreensão das regulações gênicas, entretanto o grande desafio está no fato de que, enquanto é possível fazer varreduras de um genoma, não é possível à mesma pre- tensão com a epigenética." (Neves, M.C.D. 2010. Pág-40)

A epigenética pode cair em um novo paradigma. Dificultando a continuidade dos estudos. Como já ocorreu no decorrer da história. Por exemplo, o "Geocentrismo", tido por verdade absoluta e inquestionável.

Desconstruindo um mito.

PANGÊNESE: UMA TEORIA DEFENDIDA PORDARWIN, QUE HOJE NÃO É MAIS ACEITA

A pangênese era uma teoria que servia para explicar a hereditariedade das características nos seres vivos, aceita até o século XIX, hoje a teoria não é mais aceita.

A teoria consiste em, todas as partes dos organismos produziam partículas denominadas "gêmulas" que eram direcionadas para as células germinativas. Durante a reprodução sexuada, havia a mistura das partículas provenientes do macho e da fêmea produzindo um novo organismo com características de ambos os progenitores.

Segundo a teoria da pangênese, se um organismo durante a vida vier a sofrer alguma modificação, as alterações provocariam alterações nas gêmulas e, consequentemente, seriam transmitidas para as gerações seguintes.

Ao contrário do que é divulgado, Charles Darwin acreditava nesta teoria, bem como na transmissão dos caracteres adquiridos.

Em seu livro *Domesticação* (*The variation of animals and plants under domestication*, 1868), Darwin fala sobre a pangênese. Ao elaborar a teoria da pangênese Darwin tinha como objetivo propor respostas a algumas questões que o conhecimento da época sobre a herança ainda não podia elucidar, além de explicar os mecanismos responsáveis pelo surgimento e herança da variação entre indivíduos.

A teoria é baseada na ideia de que todas as partes do corpo de um indivíduo são capazes de produzir pequenas gêmulas que, por sua vez, carregam a informação referente àquela região do organismo. As gêmulas produzidas circulam pelo organismo durante certo tempo até que, em dado momento, se acomodam permanentemente nos órgãos reprodutivos. Um novo indivíduo seria gerado pela associação do conjunto de gêmulas de seus progenitores, explicando assim a semelhança dos descendentes com seus parentais. Nesta passagem d'*A Variação* Darwin resume assim sua teoria da pangênese:

> "É universalmente admitido que células ou unidades do corpo aumentam, em quantidade, por autodivisão ou proliferação, conservando a mesma natureza, e

Desconstruindo um mito.

que formam, em última instância, os vários tecidos e substâncias do corpo. Porém, apesar deste modo de proliferação, eu acredito que essas unidades liberam pequenos grânulos que se dispersam pelo sistema; e que esses, quando nutridos apropriadamente, se multiplicam por auto-divisão, e, em dado momento, se desenvolvem em unidades como aquelas de que foram originados. Esses grânulos podem ser chamados de gêmulas. Elas são coletadas de todas as partes do sistema para constituir os órgãos sexuais, e seu desenvolvimento, na próxima geração, forma um novo indivíduo; mas elas podem ser transmitidas em estado dormente para futuras gerações e talvez, então, se desenvolverem. Seu desenvolvimento depende de sua união com outras células parcialmente desenvolvidas que as precedem no curso do crescimento do corpo [...] As gêmulas são, supostamente, liberadas por todas as

> unidades, não apenas no estado adulto, mas durante todos os estágios do desenvolvimento de todos os organismos [...] Finalmente, eu assumo que as gêmulas em seu estado dormente apresentam uma afinidade mútua entre si, levando a sua agregação no broto ou nos órgãos sexuais. Portanto, não são os brotos ou órgãos reprodutivos que geram novos indivíduos, mas sim as unidades que compõe cada indivíduo. Essas afirmações constituem a hipótese provisória a qual eu nomeei Pangênese." (Variação 1874. 2ª Ed. vol.2 p. 369-370)

No texto acima se comprova que Darwin acreditava na Pangênese. E sabe-se que esta teoria não é mais aceita nos dias contemporâneos, por não explicar, por exemplo, um indivíduo com características semelhantes às dos avós, e inexistentes nos pais.

HEREDITARIEDADE: UM ENIGMA PARA DARWIN

Desde os primórdios das civilizações, os seres humanos sempre buscaram compreender as semelhanças fenotípicas entre os genitores e descendentes. As pessoas cogitavam sobre a ocorrência de transmissão das características de uma geração a outra.

No tempo de Darwin não foi diferente. Em seu livro Charles Darwin pontuou algumas questões importantes sobre a hereditariedade que o mesmo não conseguia desvendar, como se pode ler abaixo.

> "As leis que regulam a hereditariedade são geralmente desconhecidas. Qual a razão porque, por exemplo, uma mesma especialidade, aparecendo em diversos indivíduos da mesma espécie ou espécie diferente, se transmite algumas vezes e em outras

não se transmite por hereditariedade? Por que é que certos caracteres do avô ou da avó, ou de antepassados mais remotos, reaparecem no individuo? Por que é que uma particularidade se transmite muitas vezes de um sexo, quer aos dois sexos, quer a um só, mais especialmente a um só, ainda que não exclusivamente ao sexo semelhante? As particularidades que aparecem nos machos das nossas espécies domesticas transmitem-se muitas vezes ou exclusivamente, ou num grau muito mais elevado apenas no macho. Ora, é isto um fato que tem suma importância para nós. Uma regra muito mais importante e que apresenta, creio eu, raras exceções, é que em qualquer período da vida que uma particularidade apareça de inicio, tende a reaparecer nos descendentes numa idade correspondente, e algumas vezes mesmo um pouco mais cedo" (Darwin, C. 2010. Pág. 27)

Darwin não conseguiu desvendar as causas das variações hereditárias das espécies, e como elas eram transmitidas aos descendentes.

Portanto ao publicar a "Origem das espécies," Darwin não havia encontrado às respostas a estas dúvidas. Somente no século XX, com o redescobrimento dos trabalhos de Mendel foi possível identificar a causa da variação de caracteres nas espécies. O monge austríaco Gregor Johann Mendel (1822-1884) desenvolveu estudos relacionados à hereditariedade e as publicou em seu livro "Leis da hereditariedade" no ano de 1865.

Em 1866 o monge Gregor Mendel publicou suas descobertas numa revista científica, mas seus estudos não despertaram interesses no mundo científico da época, causando pouco impacto, e caindo no anonimato.

Na década de 1890, os botânicos Hugo de Vries (1848- 1935) na Holanda, e Carl Erich Correns (1864-1933) na Alemanha, estudavam a hibridização de plantas, e de forma independente, chegaram às conclusões semelhantes àquelas a que Mendel chegara tempos atrás.

Nessa época, ambos não conheciam os experimentos do monge cientista. Antes de publicarem os seus trabalhos em 1900, os dois botânicos conheceram os trabalhos de Mendel, e incorporaram aos seus próprios trabalhos, reconhecendo Mendel como o pioneiro na descoberta das leis da hereditarie- dade.

A publicação dos trabalhos de De Vries e Correns, confirmando a validade do trabalho de Mendel, e despertou enorme interesse na comunidade científica, abrindo-se um campo de estudos que levou à formulação da genética clássica.

Mendel realizou centenas de cruzamento com ervilhas, uma planta da família das leguminosas. Todas as suas observações foram registradas meticulosamente. Ele escolheu a ervilha-de-cheiro *(Pisum sativum)*, devido a várias características que as mesmas apresentavam; por exemplo:

- Fácil cultivo,
- Crescem rapidamente,
- Produzem numerosos descendentes,
- Apresentam muitas variedades com características claramente distinguíveis,
- É uma planta com a qual é fácil realizar a polinização artificial.

Em seus experimentos, Mendel analisou sete características (Figura 4):

1. Cor da semente (amarela ou verde),
2. Aspecto da semente (lisa ou rugosa),
3. Cor da casca da semente (cinza ou branca),
4. Cor da vargem (verde ou amarela),

Desconstruindo um mito.

5. Aspecto da vagem (lisa ou ondulada),
6. Altura da planta (alta ou baixa)
7. Posição das flores (auxiliar ou terminal).

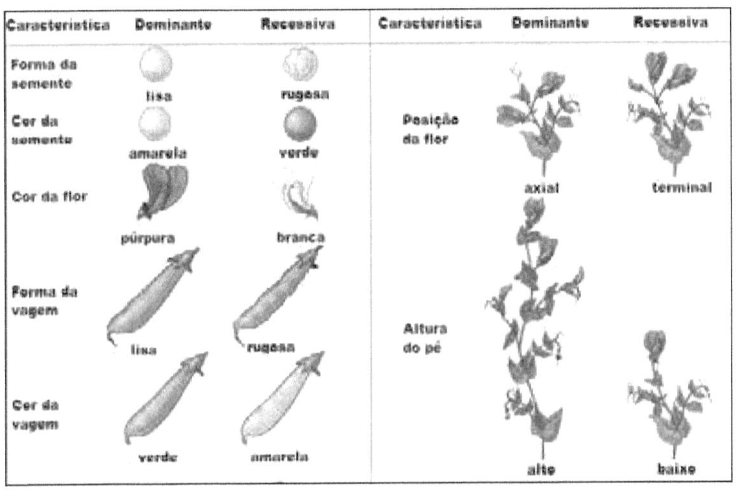

Figura 4: Características estudadas por Mendel.

Mendel utilizou duas plantas puras de ervilhas para fazer o cruzamento, ele as denominou de geração parental (P). Na geração (P), Mendel utilizou plantas distintas para a característica observada; por exemplo: uma com aspecto da semente lisa e outra com o aspecto da semente rugosa.

Ao polinizar as flores de uma planta, com o pólen produzido pela outra. Mendel observou que todos os indivíduos resultantes do cruzamento na

103

geração parental (P), apresentavam variante de um dos pais, uma das características ficava oculta em seus descendentes. Mendel as chamou de geração (F_1).

Todos os descendentes deste cruzamento apresentavam sementes lisas. Portanto o aspecto rugoso não estava visível nas plantas de geração (F_1).

A observação levou Mendel a suspeitar que certas características, apesar de invisível, continuariam presentes naquelas plantas. Para testar essa ideia, Mendel autofecundou os indivíduos da geração (F_1). Com este autocruzamento de plantas 100% liso na semente, produziram descendentes com aspecto liso e rugoso na geração (F_2). Como se pode observar na Figura 5.

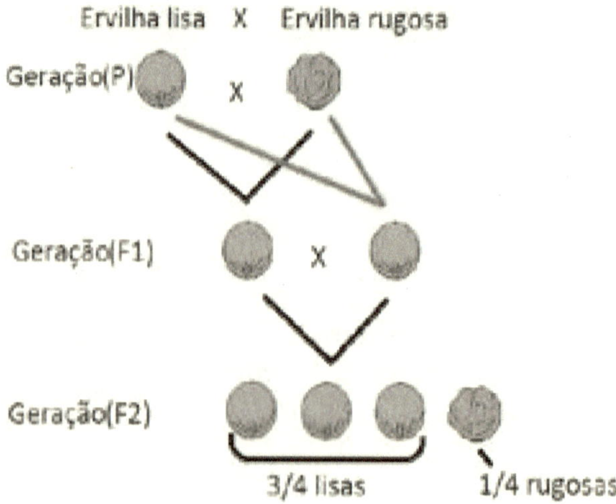

Figura 5: Cruzamento entre ervilhas feitas por Mendel. Fonte: Próprio autor.

Desconstruindo um mito.

Analisando esses resultados, Mendel concluiu que as plantas da geração (F_1) não apresentavam a característica de um dos pais, pois a característica estava encoberta. A característica que não se manifesta em (F_1), ele as nomeou de recessiva, e aquelas que estavam presentes em 100% dos indivíduos (F_1), ele os chamou de dominantes. Com isso, Mendel descreveu as características dominantes e recessivas nas sete plantas observadas.

Os testes de Mendel deram origem à lei da segregação dos fatores. Conhecido hoje como: primeira lei de Mendel (nome recebido posteriormente). Teoria anunciada do seguinte modo:

> "Os fatores que determinam uma característica hereditária se segregam (separam) durante a formação dos gametas de modo que cada gameta contenha apenas um fator." (Osorio, T. C. 2013. Pág. 27)

- Cada característica é determinada por um par de fatores hereditários, presentes nas células do indivíduo.
- O par de fatores de um indivíduo é formado por um fator herdado da mãe e o outro do pai.

Desconstruindo um mito.

- Os fatores de cada par separam-se durante a formação dos gametas, que, assim, carregam apenas um fator.
- Se o indivíduo é puro para a característica em questão, produzirá gametas iguais.
- Se o indivíduo é hibrido (espécies distintas, que geralmente não podem ter descendência) em relação a essa característica, produzirá dois tipos de gametas, na mesma proporção.

Com este estudo, podem-se compreender as dúvidas de Darwin retiradas em seu livro. Como as seguintes.

> "Qual a razão porque, por exemplo, uma mesma especialidade, aparecendo em diversos indivíduos da mesma espécie ou espécie diferente, se transmite algumas vezes e em outras não se transmite por hereditariedade? Por que é que certos caracteres do avô ou da avó, ou de antepassados mais remotos, reaparecem no individuo? Por que é que uma particularidade se transmite muitas vezes de um sexo, quer aos dois sexos, quer a um só,

Desconstruindo um mito.

> mais especialmente a um só, ainda que não exclusivamente ao sexo semelhante?"[23] (Darwin, C. 2010. Pág. 27)

Vários pesquisadores inspirados nas análises de Mendel dedicaram-se aos estudos da hereditariedade. Dentre eles destacam-se o estadunidense Walter Sutton (1877-1916), o alemão fteodor Boveri (1862-1915), os estadunidenses ftomas Hunt Morgan (1866-1945) e a Barbara McClintock (1902-1992).

Em 1902, o citologista estadunidense Walter Sutton, estudioso de formação de gametas em gafanhotos, conheceu o trabalho de Mendel. E notou que havia grande semelhança entre o processo de separação dos cromossomos homólogos durante a meiose, e a separação dos fatores hereditários na formação dos gametas, conforme proposto por Mendel.

A descoberta de que o sexo de algumas espécies é determinado pela presença ou ausência de certos cromossomos representou um reforço importante para a teoria cromossômica da herança. Essa descoberta foi inicialmente decorrente de estudos de espermatogênese em gafanhotos.

Por volta de 1902, o zoólogo estadunidense Clarence McClung (1870-1946) verificou que células das fêmeas de gafanhotos tinham um cromossomo a mais, que ele as chamou de acessório, hoje conhecido como cromossomos X.

McClung postulou que, nesses insetos, os cromossomos acessórios teriam papel na determinação do sexo.

Mais tarde, quando células de outras espécies de insetos foram analisadas, observou-se em algumas delas que os machos e as fêmeas apresentavam o mesmo número de cromossomos.

Entretanto, as células das fêmeas continham dois cromossomos sexuais do mesmo tipo, chamados de cromossomos X. E as células dos machos continham dois tipos de cromossomos sexuais: o X e o Y.

Várias doenças, ou características são herdados aos filhos (as), devido aos cromossomos sexuais. Herança ligada aos cromossomos X ou Y, também conhecida como herança restrita ao sexo. Por exemplo, herança ligada ao cromossomo Y somente ocorrerá em indivíduos do sexo masculino e são transmitidos exclusivamente de pai para filho.

Algumas características ocorrem em ambos os sexos, mas são verificadas mais comumente em um sexo do que em outro. Isso acontece quando os hormônios sexuais influenciam a expressão da característica.

Nesse tipo de herança, os genes localizados nos autossomos (cromossomos somáticos ou cromossomos que não estão ligados ao sexo) comportam-se como dominantes em um sexo e recessivos ao outro. Um exemplo é o da calvície. Nesse caso, o gene é dominante no homem e recessivo na mulher. Assim, um indivíduo homozigoto (indivíduo que tem dois alelos idênticos do mesmo gene. AA ou aa) para o alelo da calvície será calvo independente do sexo. Ainda assim, as mulheres costumam apresentar afinamento acentuado do cabelo e não calvície completa. Já um indivíduo heterozigoto (indivíduo que tem dois alelos diferentes do mesmo gene Aa) será calvo se for homem. As mulheres heterozigotos podem transmitir a característica, mas não a manifestam.

No decorrer dos tempos, cientistas empenhados em solucionar questões da hereditariedade, conseguiram responder outras dúvidas de Darwin. Como se observa a seguir.

"As particularidades que aparecem nos machos das nossas espécies domesticas transmitem-se muitas vezes ou exclusivamente, ou num grau muito mais elevado apenas no macho. Ora, é isto um fato que tem suma importância para nós. Uma regra muito mais importante e que

> apresenta, creio eu, raras exceções, é que em qualquer período da vida que uma particularidade apareça de inicio, tende a reaparecer nos descendentes numa idade correspondente, e algumas vezes mesmo um pouco mais cedo."
> (Darwin, C. 2010. Pág. 27)

Questionamentos como as feitas por Darwin contribuíram com a Ciência, pois instigou intelectuais de várias épocas a fim de desenvolverem estudos a solucionar enigmas até então incompreendidas.

A partir de Darwin, as pessoas começaram a ver o mundo de outra forma, através de seus estudos alguns paradigmas foram quebrados, dando espaço às novas descobertas.

No decorrer da história aprendemos que a Ciência se faz com sucessivas pesquisas. Ao aceitar arbitrariamente determinados conceitos sem o prévio questionamento, inevitavelmente caímos no dogmatismo, onde nada pode ser questionado, Isto não é Ciência. A Ciência se faz quebrando paradigmas constantemente.

EUGENIA: O PESADELO GENÉTICO

A eugenia é um termo que está ligado à hereditariedade, contudo, não poderia passar despercebido por este livro. No decorrer da história, este termo causou muita polêmica, dividindo opiniões públicas. A eugenia não foi desenvolvida por Darwin, mas o seu livro contribuiu muito para isso.

Esta teoria foi desenvolvida pelo seu primo, o inglês Francis Galton (1822-1911). Em 1860 durante uma forte crise nervosa, Galton encontrou consolo ao ler a obra "A origem das espécies". A seleção natural que se encontra no livro o inspirou a desenvolver uma teoria no estudo do ser humano e de suas potencialidades físicas e intelectuais. Uma forma de aperfeiçoar a espécie humana para construção de sua teoria.

Galton também utilizou os conhecimentos de Malthus e Lamarck. Francis Galton definiu a eugenia da seguinte maneira.

Desconstruindo um mito.

> A eugenia pode ser definida como a ciência que trata daquelas agências sociais que influenciam, mental ou fisicamente, as qualidades raciais das futuras gerações (Galton, 1906, Pág. 3).

Ou seja, identificar as pessoas portadoras das melhores características e estimulá-las a reproduzir, os que apresentarem características degenerativas seriam evitados de se reproduzirem. Tendo por nome de "eugenia" ou "bem nascido" em grego.

Galton pretendeu estender as implicações da teoria "seleção natural", acrescentando traços comportamentais, habilidades intelectuais, poéticas e artísticas, pois para ele estas características também seriam transmitidas dos pais aos filhos, não somente aquelas apresentadas por Darwin.

Segundo Galton, tanto as características fisiológicas quanto os talentos, não poderiam ser apenas uma bela coincidência ou obra do acaso, mas sim a evidência de uma regularidade natural ou biológica.

Anos mais tarde ele reuniu todo o seu material em uma obra intitulada "Hereditary genius" (génio hereditário) 1869.

Desconstruindo um mito.

A POLÊMICA DA EUGENIA

Um grande equívoco desta teoria é classificar os homens em melhores ou piores, superiores ou inferiores. Determinando o tipo ideal para a transmissão hereditária, ou seja, indicando o caminho para a transmissão das características desejadas às gerações seguintes.

Os defensores da eugenia na Inglaterra passaram a ver as classes pobres como ameaças à ordem vigente, devendo a sua procriação ser regulada. A eugenia alcançou o status de movimento mundial em torno da boa procriação e o Brasil não ficou fora deste discurso, tendo muitos adeptos nas décadas de 20, 30 e 40. Um dos principais canais de expressão da eugenia foi a Liga Brasileira de Higiene Mental (LBHM), no Rio de Janeiro, agregando muitos dos geneticistas, psiquiatras, médicos, políticos e intelectuais mais reconhecidos da época.

A (LBHM) procurava-se justificar cientificamente a necessidade de medidas eugenistas coletivas em prol da construção de uma nação brasileira forte e saudável. A eugenia era considerada a chave magna da regeneração humana, estando os seus desígnios relacionados ao estudo e aplicação das questões da hereditariedade, descendência e evolução, bem como as questões relativas às influencias dos meio econômicos e sociais. O ápice da eugenia foi com os nazistas. Com objetivo de eliminar da sociedade qualquer tipo de pessoa que apresentassem alguma deficiência mental ou física. E aperfeiçoar geneticamente uma geração perfeita de homens e mulheres, adequando à raça ariana.

Para "purificar" a sociedade germânica, a eliminação daqueles "seres indesejáveis" seria necessário, inclusive aqueles que viviam em asilos, hospícios e até mesmo crianças deficientes. Como relata o historiador Philippe Burrin em seu livro "Hitler e os Judeus."

Hitler e a sua "elite eugenista" faziam os experimentos para a sua "solução final". Diz Burrin:

> "[...] Solicitado por um casal que lhe pedia para autorizar a morte do filho incurável, Hitler respondeu favoravelmente. Decidiu então que o mesmo destino seria imposto sem apelação a todos os recém-nascidos

Desconstruindo um mito.

portadores de deformações ou anormais. No dia 18 de agosto de 1939, uma circular do Ministério do Interior obrigava os médicos e

parteiras do Reich a declarar as crianças que sofriam de uma deformidade. Reunidos em seções especiais, elas foram mortas pela in- jeção de drogas ou pela fome." *(BURRIN, Philippe. 1990. p. 68).*

Em outro trecho do livro, Burrin destaca a decisão de aplicar o método eugenista, que era cinicamente tratado pelos nazistas como "eutanásia", a doentes mentais. Descreve o autor:

"No início do outono de 1939, Hitler decidiu pôr fim também à 'existência indigna de ser vivida dos doentes mentais'. Uma ordem correspondente foi dada inicialmente de forma verbal, depois, no decorrer do mês de outubro, por meio de uma carta cuja data foi antecipada para 1° de

> setembro de 1939. Hitler não confiou a direção desta operação, impropriamente qualificada de "eutanásia", a Himmler, mas a uma de suas secretárias, a chancelaria do Führer, cuja tarefa consistia em princípio em receber as solicitações particula- res." *(BURRIN, Philippe. 1990. p. 68-69).*

Os oficiais de Hitler passaram a desenvolver mecanismos sigilosos de aplicação da eugenia, desde a elaboração de listas de pacientes esquizofrênicos, epilépticos, paralíticos e psicopatas até a criação de uma empresa destinada a transportar as pessoas dos hospitais para os centros de eutanásia, onde seriam mortas por gás tóxico. Continua Burrin:

> "[...] Depois de algumas experiências, foi estabelecido um procedimento uniforme, que consistia em mandar que as vítimas se despissem ou despi-las e levá-las numa sala com falsas duchas onde elas seriam asfixiadas por monóxido de carbono. Os cadáveres eram queimados num forno crematório,

> depois que lhes eram arrancados todos os dentes de ouro. Um atestado de óbito era enviado às famílias após um processo de complicada camuflagem, a fim de evitar o anúncio simultâneo de inúmeros decessos numa mesma localidade. Em pouco menos de dois anos, a empresa fez mais de 70 mil vítimas." *(BURRIN, Philippe. 1990. p. 69).*

Na mesma época em que praticavam essas atrocidades, Hitler e seu alto escalão de oficiais também preparavam o isolamento e o extermínio de judeus, ciganos, poloneses e outros tipos de pessoas que julgavam inferiores, de algum modo. Ao fim da guerra, em 1945, seis milhões de pessoas haviam sido mortas nos campos de concentração.

A eugenia pode ser dividida em dois grupos, a eugenia positiva e a negativa.

Resumidamente a "eugenia positiva" seria a troca de material genético entre indivíduos de linhagem "superior." Por exemplo: o casamento somente entre indivíduos da raça ariana como propôs Hitler.

"Eugenia negativa" seria a eliminação dos indivíduos considerados inválidos através da eutanásia, do aborto etc.

Desconstruindo um mito.

Galton utilizou o termo eugenia para expressar a preocupação com a saúde das futuras gerações, mas com o decorrer da história, este termo se desvirtuou e lhe permitiu associar o novo termo à ideia de diferenciação dos seres humanos em raças distintas para determinar um ideal de tipo físico ou raça a ser alcançado pela eugenia.

A TEORIA DO BIG BANG É UMA TEORIA EVOLUCIONISTA?

Muitos darwinistas confundem a teoria da "evolução das espécies" com a teoria do Big Bang. Mesmo que ambos propagam a teoria evolucionista, Darwin jamais mencionou tal fato. Esta teoria foi desenvolvida muitos anos depois após sua morte.

A teoria do "Big Bang" ou "Grande Explosão" é a teoria aceita pela comunidade científica.

Por volta do ano de 1948 o cientista russo naturalizado estadunidense, Georges Gamow (1904-1968) e o padre e astrônomo belga Georges Lamaître (1894-1966) sugeriram o Universo a partir de uma grande explosão cósmica, entre 10 e 20 bilhões de anos atrás. O termo explosão refere-se a uma grande liberação de energia, criando o espaço-tempo.

O físico canadense Paul Marmet (1932-2005), descreve o Big Bang da seguinte maneira:

Desconstruindo um mito.

> "O modelo do Big Bang lida com um átomo primordial contendo toda a massa do Universo concentrada em um volume próximo de zero." (Marmet, 1991. 45-53)

O físico alemão Max Born (1882-1970) em 1962 no livro "Einstein theory of relativity" (Teoria da relatividade de Einstein), diz que para acreditar nesta teoria do Big Bang, a pessoa necessariamente tem que acreditar na teoria do criacionismo, ou seja, em um Deus criador. Como se pode observar abaixo:

> "A origem refere-se a nossa capacidade de descrever o estado das coisas em termos de conceitos habituais. Se existiu uma criação do nada, isto não é uma questão científica, mas é matéria de crença e além de qualquer experiência, ou seja, para acreditar na teoria do Big Bang a pessoa tem que acreditar em um Deus que criou tudo a partir do nada, na ciência isso não é possível." (Born. 1962. Pág. 369).

O texto de Born não defende a criação do

Universo a partir de um Deus. Ele apenas aborda a teoria com outra visão. Muitos cientistas abandonaram a teoria do Big Bang, e passaram a acreditam na teoria do Estado Estacionário. Uma teoria desenvolvida em 1948 por Hoyle, Hermann Bondi e ftomas Gold. Para estes, o universo sempre existiu e sempre existirá. Segundo este modelo, não houve início e não haverá fim. A matéria está constantemente a ser criada enquanto o tempo passa, formando-se novas galáxias de estrelas.

Há muita tese científica que defendem tanto o Big Bang quanto o Estado Estacionário. A questão, portanto deste capítulo não é defender um ou outro, muito menos o criacionismo, haja vista, que nenhum destes pode ser comprovado em laboratórios. O intuito é mostrar que a teoria do Big Bang necessariamente não está ligada a teoria da evolução das espécies proposto por Darwin em seu livro. Muitos defensores da teoria da evolução das espécies defendem cegamente a teoria do Big Bang sem o prévio questionamento.

Desconstruindo um mito.

Desconstruindo um mito.

BIBLIOGRAFIA

ALVES, L. F. **Darwin e Wallace: plágio ou calúnia?** UFRJ-Fundação Oswaldo Cruz. Disponível em: <http://www.hcte.ufrj.br/downloads/sh/sh4/trabalhos/Lucio%20DARWIN.pdf> Acesso em 28 de fevereiro de 2016.

ANDRADE, C, H, V. **História ilustrada da medicina da idade média ao século do início da razão: A medicina no seu contexto sociocultural.** São Paulo, 2015. Disponível em: <http://www.azer.com/aiweb/categories/magazine/92_folder/92_articles/92_tusi.html> Acesso em: 02 de nov.2016.

ALAKBARLI, F. **Tusi's Views on Evolution. Azerbaijão.** 2001. P.48-49. Disponível em: <http://azer.com/aiweb/categories/magazine/92_folder/92_articles/92_t usi. html> Acesso em: 02 de nov. 2016.

APRILE, M. **Dinossauros e aves: Evolução fez répteis adquirirem penas.** UOL edu-cação. 2016. Disponível em:< https://educacao.uol.com.br/disciplinas/biologia/dinos- sauros-e-aves-evolucao-fez-repteis-adquirirem-penas.htm> Acesso em: 01 fev. 2017.

As Cartas de Charles Darwin: uma seleta, 1825-1859." Tradução: Vera Ribeiro. Editadas por Frederick Burkhardt.Editora Unesp. São Paulo, 1998, p. 289;

BARATA, Germana; GUIMARÃES; Maria. **Genes e a Compreensão de ser Humano.** ComCiência: Revista Eletrônica de Jornalismo científico. Disponível em: <http://

Desconstruindo um mito.

comciencia.br/comciencia/handler.php?section=&&id=56> Acesso em 05/05/2014

BEREHULAK, D. *Descobertas questionam crenças sobre a chegada dos seres humanos.*
fte new York Times, 2014.

BIZZO, N. **Giambattista Brocchi (1772-1826) e as paleoheteromorfias na alvo- rada do século XIX.** Faculdade de Educação da Universidade de São Paulo. 2012. Disponível em < http://www.abfhib.org/FHB/FHB-07-2/FHB-7-2-08-Nelio-Bizzo. pdf> Acesso em 24 de fevereiro de 2016.

BLACK, E. **A guerra contra os fracos.** Tradução T. Magalhães. São Paulo: A Girafa, 2003.

BLYTH, E. [Carta] 21 Abr. 1855, Calcutta [para] Darwin. **Darwin Correspondence Project.** University of Cambridge. Disponível em: <https://www.darwinproject. ac.uk/letter/DCP-LETT-1670.xml>. Acesso em: 08 de abril de 2016.

BLYTH, E. [Carta] 08 Dez. 1855, Calcutta [para] Darwin. **Darwin Correspondence Project.** University of Cambridge. Disponível *em:<http://www.darwinproject.ac.uk/ letter/DCP-LETT-1792.xml> Acesso em: 01 de abril de 2016.*

BORCHMEYER, Dieter. Weimarer Klassik. Weinheim, Beltz Athenäum. 1994.

BORN, Max. **Einstein theory of relativity.** New Your, Dover pubblications, New York. 1962.

BRADBURY, A. Charles Darwin- O elo perdido, parte 7. Disponível em: <www3. mistral.co.uk/bradburyac/dar7.html> Acesso em: 08 de março de 2016.

BRYSON, B. **Breve história de quase tudo.** São Paulo-SP: Schwarcz,13ª ed,2003

BURRIN, **Philippe.** Hitler e os Judeus — Gênese de um genocídio. (trad. Ana Maria Capovilla). Porto Alegre, L&PM, 1990.

Desconstruindo um mito.

CARDOSO, M. Disponível em: <http://www.infoescola.com/biologia/teoria-da-re- capitulacao/> Acesso em 18 de maio de 2015.

CASTANEDA, L.A. **As idéias de herança de Darwin: Suas explicações e sua im- portância.** Revista da SBHC, São Paulo, v. 11, p. 67-73, 1994

CELINO, J,J; MARQUES, E,C,L; LEITE, O,R. **Da Deriva dos Continentes a Teoria da Tectônica de Placas: uma abordagem epistemológica da construção do conhecimento geológico, suas contribuições e importância didática.** Bahia: UFOP, 2003.

Coluna White, Disponível em: <http://www.cprm.gov.br/coluna/mesosaurus.html> Acesso em 18 de maio de 2015.

COUTO, R.C.C de M. **Eugenia, loucura e condição feminina.** Cad Pesqui 1994.

DARLINGTON, C.D, **A origem do darwinismo.** Scientific American 200. 1959. Disponível em: < http://creation.com/charles-darwins-illegitimate-brainchild#en- dRef9> Acesso em: 09 de março de 2016.

DARWIN, C.R. A Origem das Espécies. Planeta Vivo, tradução de Ana Afonso. 2009. 442p.

DARWIN, C.R. A Origem das Espécies. Porto: Lello & Irmão, tradução de Joaquim da Mesquita Paul. 2003. 572p.

DARWIN, C.R. A Origem das Espécies. São Paulo: Folha de São Paulo, 1ª Ed, tradução do Eduardo Nunes Fonseca. 2010. 368p.

DARWIN, C.R. [*Carta*] 10 Abr. 1860, Kent [para] LYELL C. **Darwin Correspondence Project.** University of Cambridge. Disponível em:<http://www. darwinproject.ac.uk/letter/DCP-LETT-2754.xml> Acesso em: 01 de abril de 2016.

DARWIN, C.R. [*Carta*] 13 Abr. 1860, Kent [para] Gardener's Chronicle. **Darwin Correspondence Project.** University of Cambridge. Disponível em:<http://www. darwinproject.ac.uk/letter/DCP-LETT-

2766.xml> Acesso em: 01 de abril de 2016.

DARWIN, C.R. [Carta] **28 set. 1860, Marine Parade [para]** LYELL C. Darwin Correspondence Project. University of Cambridge. **Disponível em:<http://www.da- rwinproject.ac.uk/letter/DCP-LETT-2931.xml> Acesso em: 01 de abril de 2016.**

DARWIN, C.R. **The Correspondence of Charles Darwin**, volume 7: 107-108. Cambridge: Cambridge University Press, 1858 (1991).

DARWIN, C.R. **The Autobiography of Charles Darwin. 1809-1882.** New York:
W.W. Norton Co, 1882 (1993).

DARWIN, C.R. **The variation of animals and plants under domestication.**
London: John Murray, 1868.

DARWIN, E. **Zoonomia.** E Earle, Universidade de Michigan. 1818.

DESMOND, A; MOORE, J. **Darwin.** New York: W.W. Norton Co,

1991.

Educação. **Thomas Robert Malthus.** Disponível em:<http://educacao.uol.com.br/ biografias/thomas-robert-malthus.htm> Acesso em: 28 de fevereiro de 2016.

EISELE, L. **"Charles Darwin, Edward Blyth, and the theory of natural selec- tion"**.*Proceedings of the American Philosophical Society.* 1959. 103: 94–114.

FARIAS, M, S. **A Origem das Espécies de 1859.** UFF. Disponível em: <http:// www.historia.uff.br/nec/sites/default/files/A_teoria_evolucionista_de_Da rwin.pdf> Acesso em 25 de fevereiro de 2016.

FERNANDES. C. **Eugenia Nazista. História do mundo.** Disponível em: <http:// historiadomundo.uol.com.br/idade-contemporanea/eugenia-nazista.htm> Acesso em: 16 de março de 2016.

Desconstruindo um mito.

FERNANDEZ, G, A. **As relações da Teoria de Darwin e o evolucionismo social;** Goiás: UFG, 2011.

FERREIRA, Ricardo. Bates, Darwin, Wallace e a Teoria da Evolução; São Paulo: Edusp/Unb,1990.

FRANCISCO, Wagner De Cerqueria E. **"Big Bang - A Teoria do Big Bang"**. *Brasil Escola*. Disponível em: <http://brasilescola.uol.com.br/geografia/big-bang.htm> Acesso em 09 de marco de 2016.

GALTON, F. **Hereditary talent and character.** Macmillan's Magazine. 1865

GALTON, F. **Restriction in marriage.** *Sociological Papers*, 2, p. 3-17, 49-51, 1906. Disponível em: <http://www.galton.org/essays/1900-1911/galton-1906-eugenics. pdf>. Acesso em: 16 Mar. 2016.

Globo Ciência. Hutton e Lyell: conheça a vida e a obra dos precursores da geologia. 2011. **Disponível em:** <http://redeglobo.globo.com/globociencia/noticia/2011/12/ hutton-e-lyell-conheca-vida-e-obra-dos-precursores-da-geologia.html> Acesso em 25 de fevereiro de 2016.

Goethe, Johann Wolfgang von. A metamorfose das plantas. Trad. 1993, introd., notas e apêndice de Maria Filomena Molder. Lisboa: Imprensa Nacional-Casa da Moeda. 1790.

Gondwana Studios, **Traveling exhibitions e dinosaur reproductions.** Disponível em: <http://www.gondwanastudios.com> Acesso em 17 de maio de 2015.

GREENE, J. **O Paradigma Kuhniano e a Revolução Darwinista na História Natural.** University of Oklahoma: Evolução e Revolução: O mundo em transição. Marroni. 2010, Maringá-PR: Massoni, 2ª Ed, 2010. p47-75.

HALLAM, **A. Grandes Controvérsias Geológicas.** Editorial Labor. Barcelona. pg. 29-63; pg. 109-171. (1985).

HELLMAN, H. **Grandes Debates da Ciência: Dez das maiores**

contendas de to- dos os tempos. Trad.: José Oscar de Almeida Marques. São Paulo; Ed. UNESP. pg. 183 - 203. (1999).

HUXLEY, ftomas H. (1868). «On the animals which are most nearly intermediate between birds and reptiles»: 66–75.

HUXLEY, ftomas H. (1870). «Further evidence of the affinity between the dino- saurian reptiles and birds»: 12–31.

IKESSAURO, Disponível em: <http://www.ikessauro.com/2013/07/cynognathus.html> Acesso em 17 de maio de 2015.

JOHNSON, Paul. **Darwin retrato de um gênio**. Rio de Janeiro: Ediouro. 1 ed. 2013

JÚNIOR, G, S. **A teoria da evolução.** Tocantins, 2007. Disponível em: <http:// www.recantodasletras.com.br/ensaios/426308> Acesso em 19 de fevereiro de 2016.

KEHL, R. **O nosso boletim, propósitos.** Bol de Eugenia 1929 janeiro; 1(1):1.

KROPOTKIN, Piotr Alekseievitch. Mutual Aid : a Factor of Evolution. Heinemann, Londres, 1902. Ajuda mútua: um fator de evolução. São Sebastião, A Senhora Editora, 2009.

KUHN, T.S., *A Função do Dogma na Investigação Científica,* in: J.D. Deus, "A Crítica da Ciência: Sociologia e Ideologia da Ciência", Zahar, Rio de Janeiro, 1974.

MAGALHÃES, Gildo. **Darwin;** *Herói ou Fraude?* Disponível na Internet: <http:// cfcul.fc.ul.pt/textos/Darwin.pdf> Acesso em: 5 dez. 2014.

MAI, L.D. Angerami ELS. **Eugenia negativa e positiva: significados e contradi- ções.** Rev Latino-am Enfermagem 2006. Disponível em: <http://www.scielo.br/pdf/ rlae/v14n2/v14n2a15.pdf> Acesso em: 17 de mar. 2016.

MARMET, P. **A new mechanism to explain observations incompatible with the Big Bang**. Apeiron Jornal, 1991.

Desconstruindo um mito.

MAUPERTUIS, P.-L. M. de. Essai de cosmologie. S/loc., s/ed., 1751.

MENDES, IBA. **Darwin por ele mesmo: Seleção Natural.** In: Iba Mendes (Org.). O Maravilhoso mundo de Darwin. São Paulo. Edição digital. 15 fev. 2013. p.240.

NEVES, M. C. D. Evolução e revolução: o mundo em transição. Maringá-PR: Massoni, 2ª Ed, 2010.

NEVES, M. C. D. **Memórias do invisível: uma reflexão sobre a história no ensi- no de física e a ética da ciência.** Maringá-PR: LCV, 1999. 267p.

OGLOBO. **Achados desafiam conhecimento sobre povoamento das Américas.** Disponível em: <http://oglobo.globo.com/sociedade/ciencia/achados-desafiam-conhecimento-sobre-povoamento-das-americas-12015168> Acosso em 17 de fevereiro de 2016.

OLIVEIRA. F. M. **Evolução.** Juiz de Fora-MG, UFJF. 2013. Disponível em: <http:// www.ufjf.br/cursinho/files/2013/05/Apostila-Evolu%C3%A7%C3%A3o-170-186. pdf> Acesso em: 31 jan. 2017.

ONSELEN, M, V. **Darwin's predecessor: Pierre-Louis Moreau de Maupertuis.** 2012. Disponível em: <http://www.maropeng.co.za/news/entry/darwins_predecessors_pierre-louis_moreau_de_maupertuis> Acesso em 29 de maio de 2015.

OSORIO, T. C. BIOLOGIA ENSINO MÉDIO 3º ANO. São Paulo-SP: SM, 2ª Ed, 2013. Pág 27.

PEÁLEZ, R. **Introdução. In: Galton, F. Herencia y eugenesia.** Tradução, introdu- ção e notas R. A. Peález. Madrid: Alianza Editorial, 1988.

PIDWIRNY, M. (2006). **"Concept of Uniformitarianism".** **Fundamentals of Physical Geography,** 2nd Edition. Date Viewed. 2006. Disponível em:<http://www. physicalgeography.net/fundamentals/10c.html> Acesso em 24 de fevereiro de 2016

PINO, Angel. **A Ciência e Educação: A propósito do bicentenário do nascimento de Charles Darwin.** Campinas-SP, UNICAMP vol. 30, n. 108, p. 845-866. 2009. Disponível na Internet: <*http://www.scielo.br/pdf/es/v30n108/a1130108.pdf*> Acesso em: 15 Mai. 2015.

RADL, E. M. **Historia de las teorias biológicas.** 2 vol. Madrid, Alianza,

1988 [1913] RICHARDS, J.R. **Did Goethe and Schelling Endorse**

Species Evolution?
Universidade de Chicago. Disponível em: <http://home.uchicago.edu/~rjr6/articles/
Did%20Goethe%20and%20Schelling%20Endorse%20Species%20Evolutio
n.pdf> Acesso em: 09 de março de 2016

SALGADO-NETO, Geraldo. **Erasmus Darwin e a árvore da vida,** Revista Brasileira de História da Ciencia; Rio de Janeiro, Volume 2, número 1, páginas 96-103, 2009.

SALGADO-LABORIAU, M. L. **História Ecológica da Terra.** São Paulo: Ed. Edgard Blücher, 2. ed, (1996).

SANTOS, G, F. **A teoria da gastrea de Ernest Haeckel;** São Paulo:

USP, 2011. SECORD, JAMES, A. "Introduction to Charles Lyell's

Principles of Geology."
Londres. 1997.

SENE, F. M. Genética e evolução. São Paulo-SP: E.P.U, 1ª Ed, 1981.

SIMÕES Jr, José Geraldo. *O pensamento vivo de Darwin.* Rio de Janeiro: Ediouro, 1986. Pág 110.

Só Biologia. **Ideias e pessoas que influenciaram Darwin.** Disponível em: <http:// www.sobiologia.com.br/conteudos/Evolucao/evolucao16.php>
Acesso em: 28 de fe- vereiro de 2016.

STEPAN, N. L. **The hour of eugenics: race, gender, and nation in**

Latin América.
Ithaca/London: Cornell University Press, 1991.

SCHWARTZ, Joel S. **Charles Darwin's Debt to Malthus and Edward Blyth**. University of New York Staten Island, New York. vol. 7, 1974. Disponível em:
<http://www.blc.arizona.edu/courses/schaffer/449/Schwartz - Darwin Blyth.pdf> Acesso em: 08 de março de 2016.

TAYLOR, T, N. **The Biology and Evolution of Fossil Plants;** Prentice Hall, NJ, USA. 1993. Disponível em:
<http://www.ucmp.berkeley.edu/seedplants/pteridos-perms/glossopterids.html> Acesso em 18 de maio de 2015.

UCMP-University of California Museum of Paleontology. **Étienne Geoffroy St. Hilaire (1772-1844).** (2006) Disponível em:<http://www.ucmp.berkeley.edu/his- tory/hilaire.html> Acesso em: 09 de março de 2016.

USP. **O processo da especiação.** Disponível em:
<http://www.ib.usp.br/evolucao/ inic/text15.htm> Acesso em 17 de fevereiro de 2016.

WELLS, K, D. **William Charles Wells and the Races of Man.** University of Chicago Press. Vol. 64. 1973. pp. 215-225. Disponível em:<http://www.jstor.org/ stable/229598?seq=1#page_scan_tab_contents> Acesso em: 01 de março de 2016.

Desconstruindo um mito.

SOBRE O AUTOR

Edvan Bandeira é casado com Kaoana Bandeira. Formado em Ciências pela UNESPAR (2011). Pós-graduado em genética pela UFPR-Curitiba(2014). Cursou Astrofísica pelo Observatório Nacional RJ (2012/2015). Graduando Matemática pela Universidade Estadual do Paraná. Atualmente leciona matemática no Colégios Objetivo de Paranavaí.

Site: www.astronomiareal.wordpress.com

DEDICATÓRIA

Dedico este livro primeiramente a minha amada esposa Kaoana Bandeira por sempre estar ao meu lado e por acreditar neste sonho. Você faz minha vida valer a pena a cada dia mais. E ao nosso filho Augusto que está por vir.

Aos meus pais Edvaldo Bandeira e Suely Gomes pela sólida formação dada, os meus eternos agradecimentos.

Aos meus irmãos Wesley Bandeira e Kézia Regina, em especial a minha cunhada profª. Karina Fogaça pelas correções ortográficas do livro. Ao meu cunhado Josephe Neto e meus sogros Carlos e Tarcila que me impulsionaram todos os dias com palavras de apoio. Não poderiam ficar de fora os meus preciosos sobrinhos, que são meus maiores presentes.

Aos meus amigos que nunca estiveram ausentes, agradeço a amizade sincera; Luciano Oliveira, Rafael Fernandes, Paulo Rogério, Magnum, Paulo Vitor, Pedro Henrique, Guilherme de Paula, Ricardo Henrique, Diego Oliveira, Raniery, Welligton Caetano, Alysson da Luz, Gedeoni, Deferson Ribeiro e Luis Fernando, mesmo estando longe, a amizade permanece firme.

Desconstruindo um mito.

EDITOR RESPONSÁVEL
João Lucas da Cruz Schoba

CAPA E DIAGRAMAÇÃO
Henrique Cândido

Este livro foi impresso em São Paulo, em julho de
2018, pela Docuprint para a Editora Schoba.
A fonte usada no miolo é Adobe Garamond Pro, corpo
11,8/15,8.

ESTE LIVRO FOI IMPRESSO EM PAPEL PÓLEN Soft 80
G/M².

@editoraschoba
facebook.com/editoraschoba
www.editoraschoba.com.br